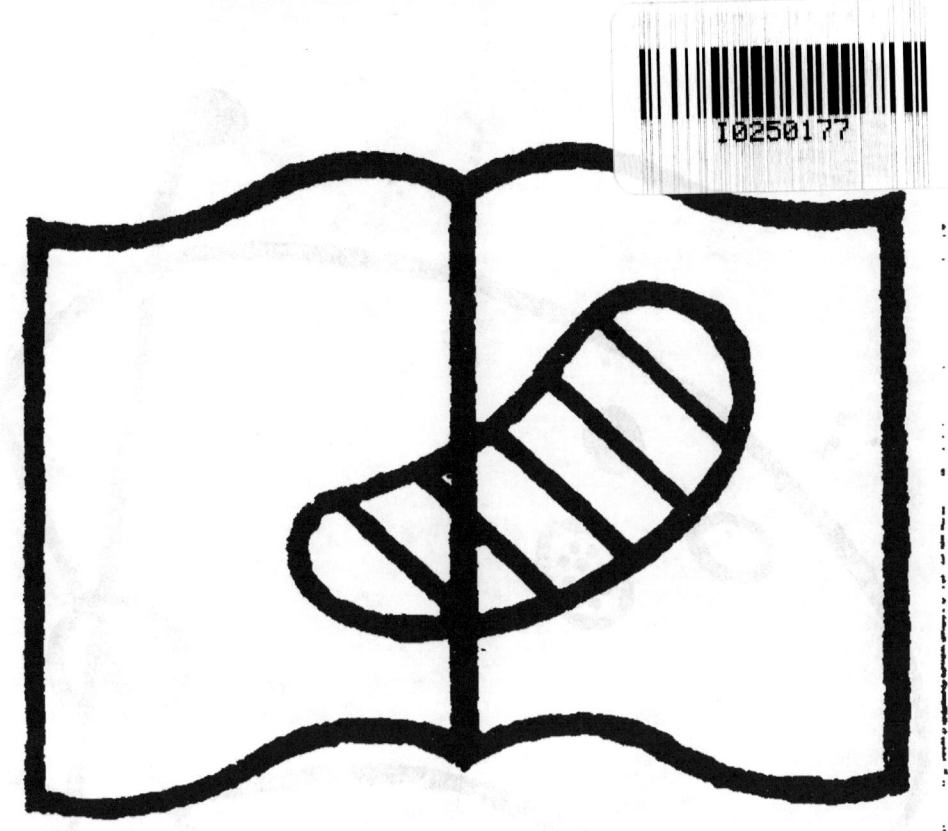

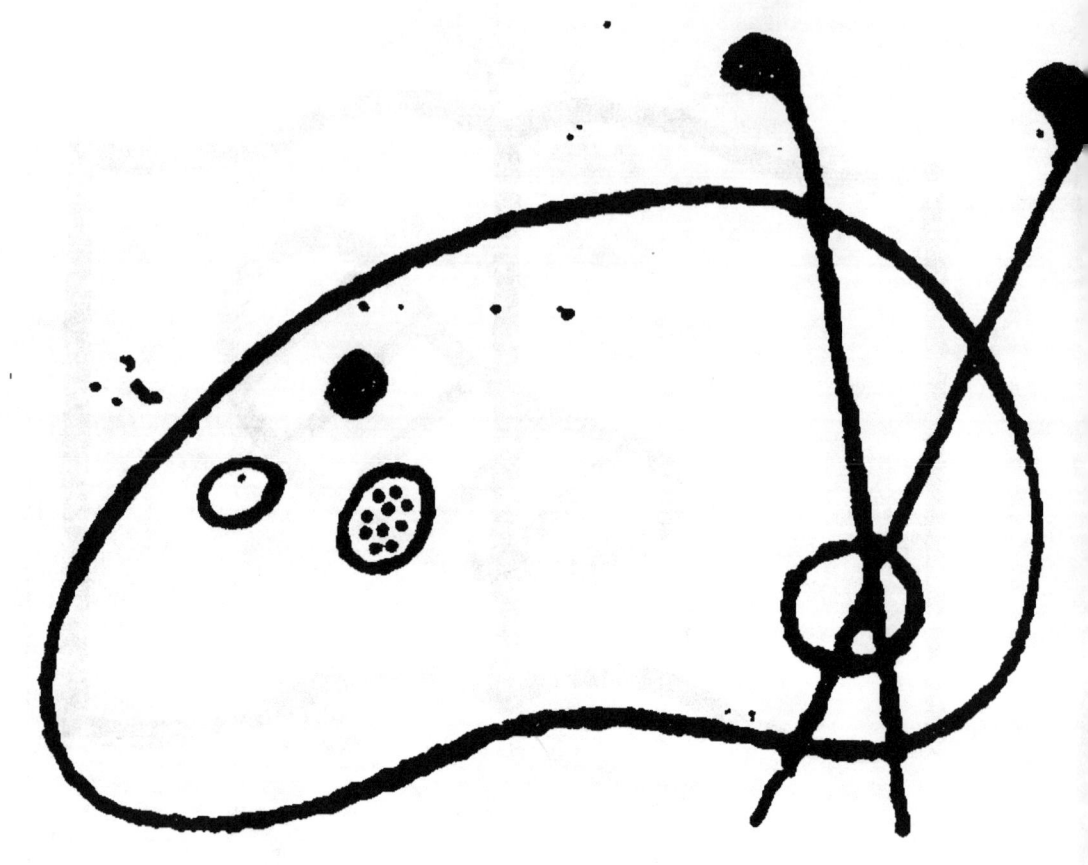

Fin d'une série de documents en couleur

F¹. VII. 3.

TRAITÉ

DE VERSIFICATION LATINE.

IMPRIMERIE DE E. DUVERGER,
RUE DE VERNEUIL, N° 4.

TRAITÉ
DE
VERSIFICATION
LATINE,

A L'USAGE DES CLASSES SUPÉRIEURES;

Par L. Quicherat,

ANCIEN PROFESSEUR DE RHÉTORIQUE.

> Undè parentur opes : quid alat, formetque poëtam ;
> Quid deceat, quid non : quò virtus, quò ferat error.
> (HORAT. Ars poet.)

A PARIS,
CHEZ BRÉDIF, LIBRAIRE,
RUE DU BATTOIR, N° 1.

—

1826.

PRÉFACE.

Les Prosodies adoptées dans nos colléges sont des ouvrages élémentaires plus ou moins complets, plus ou moins méthodiques; mais enfin ce ne sont que des ouvrages élémentaires. Leur objet unique est d'apprendre la quantité des syllabes et la structure du vers. Elles ajoutent à ces règles quelques mots sur la cadence, sur les coupes du vers hexamètre, sur l'harmonie imitative et sur les licences; mais comme elles ne font qu'effleurer ces matières, elles deviennent bientôt superflues. Dès la troisième elles sont abandonnées, et il faut que les maîtres par leurs leçons, les élèves par l'étude des poètes, remplissent cette lacune.

Rollin, le premier, sentit que cette partie toute technique des méthodes de Versification avait besoin d'un complément, et il a laissé quelques pages où il pénètre avec sagacité jusqu'aux plus secrètes intentions de la poésie. L'auteur du *Guide des Humanistes* s'emparant de ces esquisses, les a transportées dans un cadre plus étendu, et son livre, malgré quelques défauts dont la prolixité est le plus saillant, offre beaucoup de remarques judicieuses, et mérite d'être consulté. Un célèbre professeur de l'Académie de Paris publia, il y a quelques années, le *Manuel du Versificateur latin*, ou *Supplément au petit Traité de*

Rollin sur la Versification latine. On pouvait espérer que ce travail ne laisserait rien à désirer ; il sortait de mains habiles : le poète avait précédé le critique, et des vers connus de tous les littérateurs déposaient en faveur du nouvel ouvrage. Cependant l'auteur a-t-il bien recueilli tous ses souvenirs sur cette matière ? nous croyons qu'il est loin de l'avoir épuisée, et après avoir rendu hommage à la justesse des aperçus qu'il a jetés dans ce peu de pages, nous tenterons d'en offrir de nouveaux. Nous nous adressons aux élèves qui connaissent les règles de la quantité et le mécanisme du vers hexamètre, et nous avons pour but de rechercher les effets que produit la poésie latine, pour les désigner à leur admiration, et de les initier dans le secret des ressources poétiques, afin de faciliter leur travail.

Ici une objection se présente, un scrupule nous arrête. La Versification latine mérite-t-elle ces laborieuses recherches, et ces officieuses recommandations ? Le temps que l'on consacre à en poser les préceptes, n'est-il pas perdu, aussi bien que celui qu'on passe à les appliquer ? Tel est, je le sais, l'avis de plus d'un détracteur : car la Poésie latine est en butte à de nombreuses attaques, et notre siècle surtout lui prodigue un superbe mépris. L'industrie, le commerce, les sciences exactes ont pris de nos jours un développement qui frappe tous les yeux. L'élan des esprits vers ces objets a dû les habituer aux résultats matériellement utiles, aux solutions rigoureuses, à ce qu'on appelle le *positif*, et les rendre peu sensibles aux arts d'imagination dont l'utilité, tout intellectuelle, est moins facile à apprécier, et n'est pas soumise au calcul. Ils n'y voient qu'un jeu d'esprit frivole qui pouvait séduire quand les sociétés, moins civilisées, étaient occupées de moindres intérêts ; mais dont un siècle de lumières doit faire justice, et que doivent dédaigner également le vrai philosophe et le vrai citoyen. Le rêve de Platon, sous ce rapport du moins, n'est pas loin de se réaliser : les poètes seront chassés de nos sages gouvernemens :

Ignavum fucos pecus à præsepibus arcent.

Toutefois n'exagérons point. Si l'ami des arts est souvent froissé par les sèches doctrines de l'*industrialisme*, il faut avouer que ces idées n'ont pas encore tout envahi, et que la réforme n'est pas encore opérée. Il est des gens qui sentent et honorent les beaux-arts, et qui pensent que ce qui élève l'ame, en lui procurant de nobles jouissances ; ce qui développe et entretient dans l'homme le sentiment du Beau, qui n'est, après tout, que le sentiment du Bien, se légitime assez, même au tribunal d'une philosophie qui se fonde sur l'intérêt. Il est des gens qui aiment et cultivent les arts et ne se croient pas obligés, de par le dix-neuvième siècle, de passer leur vie dans un comptoir, dans une manufacture ou dans un laboratoire.

Mais il faut le dire, si les beaux-arts et les lettres en particulier sont encore en honneur, l'utilité de la Versification latine est souvent contestée, et des hommes recommandables par leur savoir s'étonnent de la voir figurer si honorablement dans notre système d'éducation. Ils pensent que les jeunes gens auraient quelque chose de mieux à faire que d'aligner péniblement des dactyles et des spondées ; qu'il vaudrait mieux les occuper d'idées, que de les faire ainsi compasser des mots par une sorte de procédé mécanique ; que ce travail a pour but de déguiser à leurs yeux la nullité du fond par la pompe d'une expression que l'on appelle poétique. Si tel est l'objet de la Versification latine, elle justifie toutes les attaques, et nous nous rangeons du côté des censeurs : mais on calomnie à la fois et l'Université qui la protége, et les professeurs qui l'enseignent, et les élèves qui s'y adonnent sérieusement. On ne fait que reproduire ici un sophisme bien commun de nos jours, et qui, pour avoir été tant de fois appliqué à la religion, à la philosophie, à la politique, commence à être usé, et n'échappe pas aux moins clairvoyans : il consiste à juger une chose par quelques abus qu'elle désavoue. Nous ne pouvons nier que la Versification latine ne produit pas toujours les effets qu'elle se propose. Quelques élèves prévenus contre ce genre d'étude, beaucoup d'autres ennemis de toute espèce de travail se contentent de rendre à leur professeur la matière qu'il leur a donnée, après l'avoir défigurée par quelques épithètes insignifiantes, quelques synonymes ridicules. Tous leurs vœux se bornent à compléter les six pieds de l'hexamètre ; ils les forment sans réflexion de pièces de rapport ; ils font des vers, pour ainsi dire comme une mosaïque. Sortis des colléges, ils se rappellent la manière dérisoire dont ils s'occupaient de ce travail, quels fruits ils en ont recueillis, et ils sont très conséquens en voulant le proscrire. Envisageons-le sous un point de vue plus relevé, et essayons de le défendre contre les dédains de la paresse, et l'erreur du préjugé.

Le but de l'instruction est de développer l'esprit. L'étude des langues est très propre à remplir cet objet. Les langues anciennes ont été choisies de préférence, tant à cause de la beauté qui les recommande, qu'à cause des nombreux trésors dont elles sont dépositaires. L'enfant qui commence cette étude a des mots, des règles à apprendre ; sa mémoire surtout est mise en jeu. Peu à peu son jugement se forme : on lui donne à traduire d'une langue dans une autre ; ce travail exige de lui une parfaite intelligence du texte ; il s'habitue à se rendre compte des idées d'un auteur. Le besoin d'analyse pénètre insensiblement dans cette jeune tête. Jusqu'ici il s'agit de comprendre, et non de produire : des pensées étrangères doivent être rendues avec exactitude : y ajouter, ce serait manquer au devoir d'interprète. Ce n'est qu'en seconde, et surtout en rhétorique, qu'on demande aux élèves, non plus seulement l'œuvre de leur jugement, mais l'œuvre de leur imagination. La Versification latine qui les prépare à ce travail sert de lien, d'intermédiaire entre la rhétorique et les classes inférieures. Les sujets qu'ils ont à traiter provoquent leur activité : ils s'interrogent, pour trouver en eux-mêmes ce que la matière a omis à dessein. Une épithète heureuse, une phrase incidente, un court développement, tel est d'abord le résultat de leurs modestes découvertes ; mais déjà leurs essais portent l'empreinte de leur pensée. Plus tard ils trouveront des développemens plus étendus, ils ajouteront de nouvelles idées : on reconnaîtra que les données de la matière ont passé par une intelligence : ici un trait de sensibilité, là des détails descriptifs en relèveront les traces. Qu'il est intéressant de voir ainsi le pensée comme jaillir d'un esprit, de la voir devenir créateur, c'est-à-dire s'élever à toute la dignité de sa nature ! Non, il n'est pas perdu pour lui ce travail par lequel il pénètre les sentimens de l'homme, ou se transporte devant une scène de la nature : il n'est pas perdu pour lui ce travail par lequel il cherche la forme qu'il donnera à ses conceptions, jusqu'à ce qu'il ait réussi à la revêtir d'une expression noble et harmonieuse. La difficulté d'écrire en vers s'ajoute d'abord à la difficulté d'inventer : mais une application constante ne tarde pas à l'aplanir, et l'on peut alors concentrer ses efforts sur le véritable objet qui en est digne. La pensée est le but ; la Versification n'est que le moyen : c'est l'oubli de cette vérité qui donne prise aux censures, et qui justifie les reproches adressés à quelques vers remplis de riens emphatiques :

Sunt versus inopes rerum, nugæque canoræ.

Qu'on ne pense pas que les entraves de la quantité soient superflues, et que des compositions en prose présenteraient des résultats plus satisfaisans. Si nous reconnaissons que la pensée doit être la base de toute composition littéraire, on reconnaîtra aussi que la pensée ne vaut que par l'expression, et qu'un style dépourvu d'élégance défigure l'idée la plus heureuse, et en détruit tout l'effet. Abusant de la liberté que leur laisse la prose, les jeunes gens ne soignent pas assez l'expression : ils n'ont pas la patience de s'astreindre à une recherche souvent pénible, et ils courent d'une idée à une autre, sans apprendre à écrire. La mesure poétique arrête cette funeste précipitation ; elle les force à passer en revue un grand nombre de mots et de tournures jusqu'à ce qu'ils aient satisfait à ce qu'elle exige ; et s'ils ne sont pas toujours maîtres de choisir ce qu'ils ont vu de mieux, du moins ils l'ont vu, et cet exercice porte ses fruits. Plus tard, quand ils écriront soit en vers, soit en prose, soit en latin, soit en français, ils seront toujours pénétrés de la nécessité d'orner et d'ennoblir l'expression négligée qui se présente ordinairement la première.

Mais hâtons-nous de voir dans la Poésie autre chose qu'une difficulté qui impose le travail, et parlons de ce charme qui séduit l'imagination. Une pensée revêtue des couleurs poétiques acquiert une puissance magique, dont on ne peut ni se défendre ni rendre compte. Se nourrir des grands modèles en ce genre, s'efforcer de les imiter, c'est ouvrir à son intelligence une source inépuisable de jouissances et de progrès ; on trouve dans leur lecture des idées élevées, de nobles sentimens, qui, grace au prestige du rhythme poétique, pénètrent encore plus avant dans de jeunes esprits. Ils admirent ces mouvemens entraînans qui répondent à leur insu à l'élan naturel de leur âge ; et cette admiration ne sera point stérile. Ces idées grandes qui les auront frappés seront l'objet de leurs recherches, en même temps que le type de leurs jugemens. Ces sentimens généreux qui les auront émus les feront descendre en eux-mêmes, pour en puiser de semblables dans leur cœur. Cette harmonie enchanteresse qui les aura flattés, deviendra pour eux un besoin, et ils emprunteront quelque chose de ces vives couleurs dont ils auront vu la poésie revêtir les objets.

Rollin a dit que, pour sentir les Poètes latins, il faut absolument s'être exercé dans leur Poésie. Je sais que bien des gens contestent cette assertion; ils prétendent que le goût suffira toujours pour apprécier ce qui est beau, et ils consentent tout au plus à apprendre ce que c'est qu'un dactyle et un spondée, et de combien de pieds se compose le vers hexamètre. Cette concession est déjà un hommage rendu à la vérité du principe proclamé par Rollin. Sans doute la perfection dans les arts frappe tout le monde, et les ouvrages qui n'obtiennent l'admiration que d'une classe particulière de spectateurs ou d'auditeurs ne sont pas des chefs-d'œuvre. Mais n'y a-t-il pas de degrés dans le plaisir qu'ils font éprouver aux différens individus, et les plus vives jouissances ne sont-elles pas pour ceux qui, apercevant dans l'œuvre du génie des faces qui échappent aux yeux des autres, ajoutent aux émotions vagues d'une admiration instinctive celles qui naissent des lumières de l'esprit? Plus on étudie un art, plus on pénètre ses secrets, et plus on découvre de mérites dans ses productions sublimes. Après s'être exercé à faire des vers latins, on saisit dans les poètes une foule de délicatesses dont n'ont aucune idée ceux qui sont étrangers à cette étude. J'en appelle à nos adversaires eux-mêmes, qui ont été contraints d'acquérir quelques notions sur le vers hexamètre. Que voient-ils dans les odes d'Horace? de belles idées rendues en termes énergiques ou gracieux; mais ils sont insensibles au charme du rhythme. Les vers d'Horace ne sont, pour beaucoup de lecteurs, que de la prose poétique. Combien une étude approfondie de ces diverses espèces de mesures n'ajouterait-elle pas à leur jouissance? Nous sommes donc autorisés à conclure qu'un travail sérieux sur le vers hexamètre tend indéfiniment à en perfectionner en nous le sentiment. Nous apprendrons à mieux goûter la cadence, à admirer la place d'un mot, à saisir l'intention d'un rejet, d'une suspension; à atteindre le genre d'expression produite par le dactyle, le spondée, l'élision, etc. Qu'on n'accuse pas ces observations d'être subtiles, et soyons en garde contre les dédains de la légèreté. Si les esprits supérieurs trouvent des beautés par un heureux instinct, est-ce une raison pour que le commun des hommes néglige d'en pénétrer le secret, et, sous prétexte d'imiter le génie, faut-il se condamner à ne pas le sentir? Au reste, il n'est pas si vrai qu'on veut bien le dire que le génie se dispense de ces laborieuses recherches; et souvent on s'étonnera que la grandeur des effets s'allie avec de si minutieuses analyses. Qu'on demande aux orateurs de l'antiquité jusqu'à quels détails vétilleux ils poussaient le travail de l'éloquence. Cicéron, Quintilien nous montrent qu'ils entraient dans une analyse bien profonde des moyens de leur art, et leurs remarques pourront quelquefois paraître mesquines et étroites à des esprits superficiels. Mais l'homme de goût leur sait gré de l'initier ainsi dans les mystères de leur travail, et il use de cette méthode de décomposition, de cette espèce d'anatomie, pour découvrir des merveilles cachées dans les monumens de la littérature. Or, si pour bien sentir les orateurs, il faut avoir fait des études de style, il est encore plus vrai de dire qu'en fait de Poésie, on n'acquerra cette profonde sagacité, qu'après s'être exercé à la Versification.

Nous pourrions citer, dans l'intérêt de cette défense, les noms de beaucoup de grands écrivains modernes qui ont ajouté à ces études l'autorité de leur exemple. Toutes les nations de l'Europe nous montreraient les Muses latines cultivées par leurs premiers génies. Mais ce serait jouer un mauvais tour à nos adversaires que de produire des témoignages si imposans, même à leurs yeux, en faveur d'une étude qu'ils condamnent sans retour. Ils seraient peut-être embarrassés de concilier l'admiration qu'ils professent pour ces grandes renommées, avec les dédains ironiques dont ils seraient forcés d'accueillir cette partie de leurs ouvrages. Au reste, ces exemples ne prouvent rien à la rigueur, sinon que ces écrivains trouvaient dans la Versification latine un délassement agréable. Or, nous avons prétendu établir quelque chose de plus. En recommandant les vers latins, nous n'avons pas seulement en vue un plaisir qui, il est vrai, est assuré à ceux qui veulent y donner une attention sérieuse, nous avons trouvé dans ce travail une utilité réelle et incontestable : nous avons reconnu que cet exercice développe l'esprit en le forçant à produire, l'enrichit en lui imposant l'étude des grands modèles, l'éclaire en lui révélant les secrètes intentions de la poésie.

Il nous reste à dire un mot du plan que nous avons adopté. Cet ouvrage sera divisé en deux parties : la première contiendra des remarques sur la manière dont s'expriment les poètes latins, abstraction faite du genre de vers dans lequel ils ont écrit. Ces remarques auront le double but de faciliter le travail des élèves, et l'intelligence de la poésie latine : car elle a beaucoup d'idiotismes dont l'étude de la prose ne saurait rendre compte, et si certaines irrégularités que l'on trouve quelquefois dans les poètes ne doivent pas être imitées, il est bon de se familiariser avec elles, pour ne pas être embarrassé lorsqu'elles se présentent. La seconde partie traitera de chaque espèce de vers en particulier, et recherchera les beautés qui leur sont propres. Les plus longs développemens ont naturellement été consacrés au vers hexamètre. La noblesse de sa marche, la variété de ses coupes, la richesse de ses effets, l'emploi presque exclusif de ce mètre dans les chefs-d'œuvre que le temps nous a conservés, tout lui mérite cette distinction. Le vers pentamètre, son ami, a été aussi traité avec quelque honneur. On verra dans les recherches que nous nous sommes imposées relativement à la cadence de quelques autres vers, un regret et un vœu. Nous nous étonnons que l'on n'exerce pas les rhétoriciens, au moins dans les mètres qu'Horace a affectionnés. On doit à ce grand poète, dont les ouvrages sont mis pendant plusieurs années entre les mains des jeunes gens, d'apprendre à sentir l'harmonie de ses odes. Mais cette raison, qui devrait suffire, n'est rien auprès du charme que l'on trouve à tous ces vers, lorsqu'on sait les goûter. Les strophes alcaïque, saphique ont plus de grace, surtout plus de variété que le vers hexamètre. Le vers asclépiade nous plaît aussitôt à cause de sa ressemblance avec notre vers alexandrin. Le vers iambique, qu'il faut absolument connaître pour lire Horace, Sénèque le tragique, et tout le théâtre grec, mérite bien aussi quelques études. Nous sommes persuadés que les jeunes gens feraient volontiers de temps en temps quelques infidélités à l'éternel hexamètre, pour composer dans les mètres d'Horace, et ce travail, qui d'abord n'aurait pour eux que l'intérêt de la nouveauté, ne tarderait pas à leur faire trouver dans leur modèle de nouvelles jouissances. Les vers dont nous venons de parler ne sont pas les seuls dignes d'être imités : on pourra choisir parmi les autres ceux dont le mètre paraîtra le plus agréable. Au moins faut-il connaître la mesure de tous ceux qu'a employés un auteur qu'on étudie. Aucun des vers d'Horace n'a été omis : ceux de Phèdre ont aussi été examinés ; enfin, nous avons passé en revue ceux des Comiques latins. Nous ne sommes pas entrés dans les interminables discussions que font naître bien des irrégularités qui s'y rencontrent ; mais nous avons donné des règles générales qui pourront conduire à lever toutes les difficultés.

Je ne me dissimule pas tout ce qui doit manquer

à un ouvrage fait sans modèle. Cependant j'espère qu'il renferme ce qu'il y a de plus important. J'ai consulté tous les traités de Versification que j'ai pu connaître, et je leur ai emprunté sans réserve et sans amour-propre les idées qui ont pu me servir. J'ai interrogé mes anciens professeurs, l'honneur de l'Académie de Paris, qui ont bien voulu m'éclairer encore de leurs lumières. J'ai puisé mes exemples non-seulement dans Virgile, Horace et Ovide, mais encore dans les poètes du second ordre, Lucain, Stace, Silius Italicus, Sénèque le tragique, Claudien, etc., et j'avais plusieurs raisons pour le faire. D'abord, ils ne méritent point l'oubli dans lequel ils sont relégués; en second lieu, je pense qu'en matière douteuse, plusieurs autorités valent mieux que beaucoup de citations d'un même auteur; enfin, quand il s'agit de Versification, leur exemple me semble d'un grand poids; car, à cet égard, ils ont poussé très loin la délicatesse et même le scrupule. On trouvera peut-être que j'ai quelquefois prodigué les exemples : il m'a bien fallu appuyer certains principes que je ne voyais nulle part, ou qui étaient en contradiction avec quelques règles que je trouvais établies; ensuite je pense que des exemples frappent bien plus qu'un précepte aride, et qu'on les retient souvent, quand le précepte est oublié. J'ajouterai que les règles de la poésie, ainsi que celles des autres arts, ne sont pas susceptibles d'une rigueur mathématique. M'adressant à des jeunes gens déjà avancés dans leurs études, je n'ai pu affirmer dogmatiquement certains préceptes dont la lecture des poètes aurait fait reconnaître l'imprudente généralité. Il a

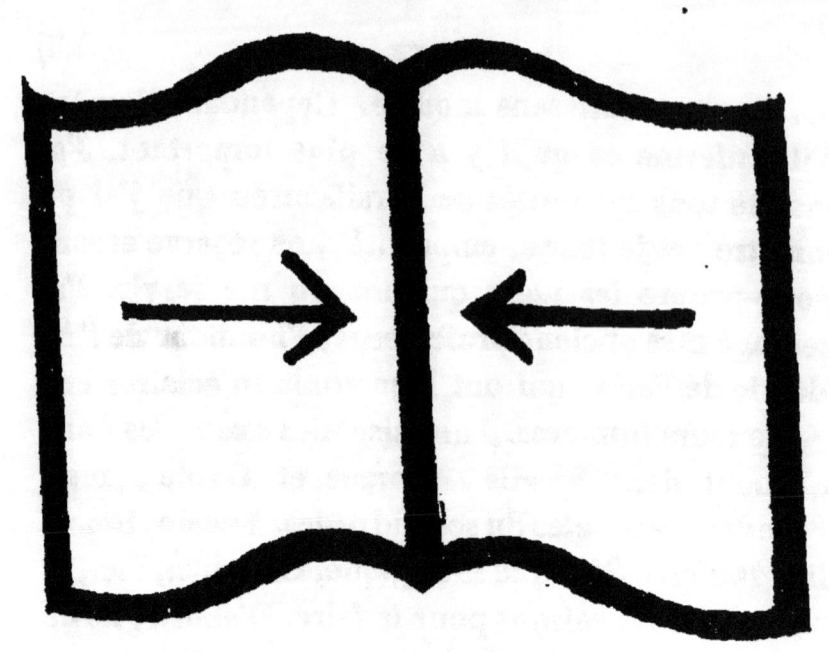

RELIURE SERREE
Absence de marges
intérieures

VALABLE POUR TOUT OU PARTIE DU DOCUMENT REPRODUIT

donc fallu comme transiger avec le précepte général, et produire plusieurs exemples dans lesquels il avait été violé, pour que l'on reconnût à quelles conditions il peut l'être. On verra que quelques développemens qui font diversion à la sécheresse des règles générales, et sont destinés à former le goût, n'ont besoin que d'une lecture attentive, et on les distinguera de la partie didactique qui doit être apprise par cœur.

Sans avoir la moindre prétention au système, je crains de contrarier quelquefois des idées reçues. Je suis prêt à me rendre à toutes les remarques dont on me fera sentir la justesse ; je recevrai avec soumission et reconnaissance les lumières qu'on voudra bien me communiquer. Heureux si cet ouvrage, tel qu'il est, peut faciliter le travail des élèves, et alléger la tâche des professeurs ! heureux si quelques suffrages sont pour moi la récompense d'une jeunesse vouée sans réserve à l'instruction publique !

TRAITÉ
DE VERSIFICATION LATINE.

•••

PREMIÈRE PARTIE.

DE LA VERSIFICATION LATINE EN GÉNÉRAL.

INTRODUCTION.

Qu'une pensée nous appartienne ou qu'elle nous soit fournie par une matière, il s'agit de la revêtir d'une forme qui satisfasse aux règles de la Versification, en même temps qu'elle sera avouée par le goût. Une tournure, une construction, un mot ne sauraient être conservés. Ce n'est qu'après bien des tâtonnemens que l'on parvient à soumettre sa pensée aux entraves du mètre. Il faut donc dès l'abord s'habituer à toutes ces substitutions; il faut savoir retourner son idée de plusieurs manières, pour en trouver une enfin qui réponde en même temps aux exigences du style et de la prosodie. En conséquence, notre devoir est de familiariser les élèves avec les divers changemens dont l'expression d'une pensée est susceptible, et de déployer à leurs yeux toutes les ressources poétiques. Lorsqu'ils les auront présentes à la mémoire, ils feront à l'instant même une infinité d'essais, et choisiront rapidement parmi toutes les formes que ce travail leur révèlera. Bientôt ils manieront le vers avec facilité, et leur idée, loin de souffrir des entraves de la Versification, lui devra un charme nouveau aussi puissant qu'indéfinissable.

CHAPITRE PREMIER.

DES CHANGEMENS. — DES ÉQUIVALENS.

Souvent un mot qui, au premier abord, semble ne pouvoir faire partie d'un vers, peut s'y conserver à l'aide d'un *équivalent*.

Nous appelons *équivalens* les diverses formes que certains mots, certaines phrases même peuvent prendre.

Ainsi on dit également :

Prudente	ou	prudenti.
Uteris		utere.
Utaris		utare.
Celebraberis		celebrabere.
Amaverunt		amavére.
		amárunt.
Amaverat		amárat.
Amaverit		amárit.
Invenerunt		invenère.
Petivi		petii.
Petivissem		petiissem.

Le mot *dies* est du masculin ou du féminin.

On dit indifféremment *loci* ou *loca*, *freni* ou *frena*.

Au lieu de *lepor, arbor, honor*, on peut mettre *lepos, arbos, honos*, qui ont la dernière syllabe longue.

Après le comparatif on met *quàm*, ou l'ablatif.

Après le superlatif on met le génitif, ou l'ablatif avec *è* ou *ex*, ou l'accusatif avec *inter*.

Le comparatif s'emploie quelquefois pour le positif

Clementior aura favoni.

Tristior, et lacrymis oculos perfusa nitentes
Alloquitur Venus. V.

CHANGEMENS. — ÉQUIVALENS.

Il y a des verbes et des adjectifs qui gouvernent plusieurs cas. Exemple :

Non tamen Euryali, non ille *oblitus* amorum. V.
Quisquis es, amissos hinc jam *obliviscere* Graios. V.
    Juvenum primos tot *miserit* Orco ! V.
Mittitur et magni Venulus Diomedis ad urbem. V.
Mille meæ *Siculis* errant *in montibus* agnæ.
Centum alii curva hæc habitant ad littora vulgò
Infandi Cyclopes, et *aliis montibus* errant. V.
Rara *per ignotos* errent animalia *montes*. V.
Quæ regio in terris nostri non *plena* laboris ? V.
Alter Amazoniam pharetram, *plenamque* sagittis
Threïciis (habeto). V.
    Stygii quoque *conscia* sunto
Numina torrentis. O.
Et gens si qua jacet nascenti *conscia* Nilo. Luc.
    Stat ferri acies mucrone corusco
Stricta, *parata* neci. V.
 Fidens animi, atque in utrumque *paratus*
Seu versare dolos, seu certæ occumbere morti. V.
    Ad vimque *paratus*. O.

L'interjection O se construit avec le vocatif ou l'accusatif :

O felix una antè alias Priameïa virgo ! V.
O fortunatos nimiùm, sua si bona nôrint
Agricolas ! V.

En, ecce, prennent le nominatif ou l'accusatif :

    En quattuor *aras :*
Ecce *duas* tibi, Daphni, duoque altaria Phœbo. V.
En *Deus*, en *Deus*, en : linguisque animisque favete. O.

Dans certains cas, l'on peut choisir entre plusieurs temps d'un verbe :

Adspice ut insignis spoliis Marcellus opimis
Ingreditur, victorque viros *supereminet* omnes. V.

CHAPITRE I.

Cernis ut *insultent* Rutuli, Turnusque *feratur*
Per medios insignis equis. V.
Vis ergò inter nos quid possit uterque vicissim
Experiamur ? V.
Hæc se carminibus promittit solvere mentes
Quas *velit*. V.
Scilicet *expectem* libeat dùm prælia Turno
Nostra pati, rursùsque velit concurrere victus ? V.
Quid tùm ? sola fugà nautas *comitabor* ovantes ? V.
Dùm *stabat* regno incolumis, regnumque *vigebat*
Consiliis. V.
Multa quoque et bello passus, dùm *conderet* urbem,
*Inferret*que Deos Latio. V.
Aut doluit *miserans* inopem, aut invidit habenti. V.
Ignarosque viæ mecum *miseratus* agrestes,
Ingredere. V.

Pour ordonner, on emploie l'impératif ou le subjonctif, quelquefois aussi le parfait du subjonctif et le futur.

Tuque *ades*, inceptumque unà decurre laborem ! V.
Adsis ò tantùm, et propiùs tua numina firma ! V.
Tu ne cede malis, sed contra audentior *ito*. V.
Nullam, Vare, sacrâ vite priùs *severis* arborem. [1] H.

Virgile recommande de garantir les troupeaux d'un insecte :

Hunc quoque (nam mediis fervoribus acrior instat)
Arcebis gravido pecori.

---

(1) Peut-être semblerait-il plus naturel de voir, dans *severis* un futur passé. Comme ces deux temps ne diffèrent que par la première personne, on peut avoir d'abord quelque incertitude. L'exemple suivant ne devra plus laisser aucun doute :

Exactis gravidæ quùm mensibus errant,
Non illas gravibus quisquam juga ducere plaustris,
Non saltu superare viam *sit passus* ; et acri
Carpere prata fugâ. V.

On se sert des mêmes temps pour défendre :

O formose puer, nimiùm ne *crede* colori ! V.
Ne fortè *credas* interitura, quæ, etc. H.
Luant peccata, neque illos
Juveris auxilio. V.
Nec sic *incipies*, ut scriptor Cyclicus olim. H.

Manières différentes de construire la conjonction *si*

Ante focum, si frigus *erit*; si messis, in umbrâ. V.
Tempora si *fuerint* nubila, solus eris. O.
Quid non proclames, in corpore judicis ista
Si *videas?* Juv.
Si quid inexpertum scenæ *committis*, et *audes*
Personam formare novam. ' H.

---

(1) Il est à propos de remarquer que *si* ne pourra pas toujours se construire avec tous ces temps. Le bon sens et les méthodes latines serviront de guides à cet égard. Lorsque l'action marquée par le verbe n'est pas incertaine, et que *si* a le sens de *quand*, *vu que*, le verbe doit être nécessairement à l'indicatif :

Si periturus *abis*, et nos rape in omnia tecum. V.
Si non *possumus* omnes,
Hic arguta sacrâ pendebit fistula pinu. V.

CHAPITRE II.

DES SYNONYMES.

Quand un mot ne se prête pas à la construction du vers, on le remplace par un mot *synonyme*, c'est-à-dire un mot qui rende la même idée.

Ainsi on pourra dire :

Non tibi *diva parens* } au lieu de { *haud* tibi *dea mater*,
Ut pelagus tenuère *rates* }   { *ubi mare* tenuerunt *naves*.

1° Les mots offerts par le *Gradus* comme *synonymes* d'un autre mot ne sont pas toujours admissibles ; c'est au goût à prononcer. Quelquefois un mot ne peut être remplacé par aucun autre.

Horace dit :

  Pallida *Mors* æquo pulsat pede pauperum tabernas,
      Regumque turres.

Et Ovide :

  Omnia sub leges *Mors* vocat atra suas.

Que pourrait-on mettre au lieu de *Mors? obitus*, *lethum*, *nex*, *funus*, etc., seraient également impropres. La *Mort* est ici personnifiée ; c'est une Divinité que nous voyons agir. Toute expression qui détruirait cette image serait défectueuse.

2° Quelquefois un mot est pris dans un sens métaphorique. Qu'on veuille le remplacer par un *synonyme*, l'expression ne sera plus hardie, elle sera ridicule :

  Desine meque tuis *incendere* teque querelis. V.
  Clamore *incendunt* urbem. V.

Il serait absurde de substituer à *incendere*, *cremare* ou *inflammare*, etc.

Invadunt urbem somno vinoque *sepultam*. V.

Tumulare, *inhumare*, quoique *synonymes* de *sepelire*, ne pourraient le remplacer.

3° On trouve dans toutes les langues certaines expressions toutes faites, qui se composent de la réunion de deux ou de plusieurs mots. Tenter de changer l'un ou l'autre, c'est vouloir devenir inintelligible. On dit *morem gerere*, mais on ne dirait pas *gerere consuetudinem*. On dit *voti reus*; mais on ne dirait pas *voti nocens*.

Quelquefois aussi un mot a plus de *synonymes* que le Dictionnaire n'en indique. Il faut alors chercher dans sa mémoire des expressions latines qui rendent aussi bien, et mieux, s'il est possible, l'idée de la matière. Supposons qu'on ait à mettre en vers *fluctus scindere*; à la place de *scindere* on pourra employer *secare*. Le *Gradus* ne fournira pas d'autres *synonymes*; mais on n'a qu'à se rappeler les verbes qui se construisent avec *fluctus*, et l'on trouvera *verrere*, *fatigare*, *tranare*, *sulcare*, *arare*, *findere*, etc.

CHAPITRE III.

CHANGEMENS DU SUBSTANTIF.

1° Les poètes mettent élégamment un adjectif à la place d'un substantif au génitif. Exemple :

Pacatumque reget *patriis* virtutibus orbem. V.

au lieu de *patris*.

Casus abies visura *marinos*. V.

au lieu de *maris*.

Addit et *Herculeos* arcus, hàstamque Minervæ. Juv.
au lieu de *Herculis*.

Qualem *virgineo* demessum pollice florem. V.
au lieu de *virginis*.

2° Ils mettent la cause au lieu de l'effet :

Cujus ab alloquiis anima hæc moribunda revixit,
    Ut vigil infusâ *Pallade* flamma solet. O.
c'est-à-dire *oleo*.

Bacchus amat colles, aquilonem et frigora taxi. V.
c'est-à-dire *vitis*.

Dant famuli manibus lymphas, *Cererem*que canistris
Expediunt. V.
c'est-à-dire *panem*.

Accendamque animos insani *Martis* amore. V.
c'est-à-dire *belli*.

Et pluviâ ingenti sata læta *boum*que *labores*
Diluit. V.
c'est-à-dire *messes*.

3° L'effet pour la cause :

                                        Nudus
Arboris Othrys erat, nec habebat Pelion *umbras*. O.
pour *arbores*.

Vix adeò agnovi pavitantem, et dira tegentem
 Supplicia. V.
pour *vulnera*.

Te quoque magnanimæ viderunt, Ismare, gentes
Vulnera dirigere. V.
pour *tela*.

                            Impia terræ
Infodiunt *scelera*, aut festinis ignibus urunt. Stat.
pour maritorum *cadavera*.

CHANGEMENS DU SUBSTANTIF.

4° Le contenant pour le contenu :

Ille impiger hausit
Spumantem *pateram*. V.

c'est-à-dire *vinum*.

Nec nautica *pinus*
Mutabit merces. V.

c'est-à-dire *nautæ*.

Pabula parva legens, *nidisque* loquacibus escas. V.

c'est-à-dire *pullis*.

Ægyptum, viresque Orientis, et ultima secum
Bactra vehit. V.

c'est-à-dire Ægypti et Bactrorum *populos*.

5° Le signe pour la chose signifiée :

Non illum populi *fasces*, non *purpura* regum
Flexit. V.

c'est-à-dire *consulatus, regnum*.

Hunc *socci* cepère pedem, grandesque *cothurni*. H.

c'est-à-dire *Comœdia, Tragœdia*.

Victrices *aquilas* alium laturus in orbem. Luc.

c'est-à-dire *vexilla*.

Cedant *arma togæ*, concedat *laurea linguæ*. Cic.

c'est-à-dire *Ars militaris, privatæ conditioni, victoria, eloquentiæ*.

6° La partie pour le tout :

Tùm pavidæ matres *tectis* ingentibus errant. V.

c'est-à-dire *regiâ*.

Audiit Omnipotens, oculosque ad *mænia* torsit. V.

c'est-à-dire *urbem*.

Tertia dùm Latio regnantem viderit *æstas*. V.

c'est-à-dire *annus*.

Quis desiderio sit pudor, aut modus,
Tam cari *capitis* ? H.

c'est-à-dire *viri*.

7° Le tout pour la partie :

> Ipsius ante oculos ingens à vertice *pontus*
> In puppim ferit. V.

c'est-à-dire *fluctus*.

> Qui *Tiberim Fabarim*que bibunt. V.

> Alii stridentia tingunt
> *Æra lacu*. V.

c'est-à-dire *Undam*, *undâ quam sufficit Tiberis, Fabaris, lacus*.

8° L'espèce pour le genre :

> Luctantem Icariis fluctibus *Africum*
> Mercator metuens. H.

c'est-à-dire *ventum*.

> Piscium et summâ genus hæsit *ulmo*,
> Nota quæ sedes fuerat *columbis*. H.

c'est-à-dire *arbore, avibus*.

9° Le genre pour l'espèce :

> At frigida *Tempe*,
> Mugitusque boum, mollesque sub arbore somni
> Non absunt. V.

Le mot *Tempe* désigne ici une vallée délicieuse.

> Nodisque gravatum
> *Robur*. V.

c'est-à-dire la massue d'Hercule, *clavam*.

> Velut inter *ignes*
> Luna minores. H.

c'est-à-dire *sidera*.

10° La matière dont une chose est faite pour la chose même :

> *Ære* ciere viros, Martemque accendere cantu. V.

c'est-à-dire *tubâ*.

> Hæret lateri lethalis *arundo*. V.

c'est-à-dire *sagitta*.

CHANGEMENS DU SUBSTANTIF.

Agrestem tenui meditabor *arundine* musam. V.

c'est-à-dire *fistulâ*.

Fulvum mandunt sub dentibus *aurum*. V.

c'est-à-dire *frenum*.

Tota licet veteres exornent undique *ceræ*
Atria. Juv.

c'est-à-dire *effigies*.

Tous ces changemens, à l'exception du premier, rentrent dans les deux figures connues sous le nom de *métonymie* et de *synecdoque*. Elles sont d'un usage perpétuel en poésie.

11° Un substantif de qualité se change quelquefois en un substantif de personne, de cette manière :

Vultuque *Deam* confessa, recessit. V.

c'est-à-dire *divinitatem*.

Mentiturque *virum*. M.

c'est-à-dire *hominis conditionem*.

(dignatus) *Hominem*que subire
Ut possis monstrare *Deum*. Claud.

Indue mente *patrem*. Claud.

c'est-à-dire *paternos sensus*.

Dedidicit jam pace *ducem*. Luc.

c'est-à-dire *ducis munera*.

12° Quelquefois encore on peut remplacer un substantif par un verbe à l'infinitif ou au gérondif.

Au lieu de	on pourra dire
Lacrymarum pudet....	*flere* pudet.
Mortem optare......	velle *mori*.
Memoriam horreo.....	*meminisse* horret.
Dulces *querelæ* sunt....	dulce *queri*.
Dignus *vitâ*........	dignus *vivere* ou *qui vivat*.

Scire potestates herbarum, usumque *medendi*
Maluit. V.

Dans une matière on pourrait mettre *medicinæ*.

Forsitan et pingues hortos quæ cura *colendi*
Ornaret, canerem. V.

culturæ.

                Causas innecte *morandi*. V.

moræ.

                Vires acquirit *eundo*. V.

itinere.

        Superanda omnis fortuna *ferendo* est. V.

patientiâ.

                    Sic quisque *pavendo*
Dat vires famæ. Luc.

metu.

CHAPITRE IV.

PREMIÈRE SECTION.

CHANGEMENS DANS LES NOMBRES.

1° On emploie fréquemment, en poésie, le pluriel pour le singulier. Ainsi, au lieu de *seculum*, Virgile dit :

            Quæ te tàm *læta* tulerunt
Secula ?

        Priami dùm *regna* manebant. V.

au lieu de *regnum*.

        Patrios fœdásti sanguine *vultus*. V.

au lieu de *vultum*.

        Quos illi fors ad pœnam ob *nostra* reposcent
Effugia. V.

au lieu de *effugium*.

> Sanguine *quærendô reditus*, animâque litandum
> Argolicâ. V.

au lieu de *quærendus reditus*.

Cependant il faut user avec discrétion de cette liberté : *aura*, *ferra*, pour *aurum*, *ferrum*, seraient barbares ; *patres*, *matres*, au lieu de *pater*, *mater*, seraient ridicules. Le goût et l'usage des poètes doivent ici nous servir de guides. Voici quelques passages où l'emploi du pluriel nous semble déjà assez hardi pour avoir besoin d'être autorisé.

Horace, parlant d'Icare qui donna son nom à une mer, a dit :

> Vitreo daturus
> *Nomina* ponto ?

Ce mot *nomina* a été mis plus d'une fois par les poètes à la place de *nomen* :

> Nec matris *nomina* nôris. O.
> Quid Pandioniæ sunt nunc nisi *nomina* Thebæ ? O.

Ovide a dit encore, en parlant d'un cerf :

> Posuit sua *corpora* terrâ.

On trouve dans le même poète :

> Semper *judiciis* ossa verenda *meis*.
> Quem *frigida* parvi
> Findunt Scamandri *flumina*. H.

Stace parle des femmes de Lesbos qui, malgré les armes dont elles étaient revêtues, tremblaient à la vue de l'ennemi :

> Arma aliena cadunt, redeunt in pectora *sexus*.

Cette expression n'est peut-être pas à l'abri de la critique.

Remarque. Souvent un pluriel s'emploie fort heureusement pour le singulier, quand le poète veut agrandir son idée par l'expression. Virgile, faisant l'éloge de l'Italie, dit qu'elle a produit :

Decios, Marios, magnosque *Camillos.*

Junon se plaint de ce qu'Énée vient ravir Lavinie à l'époux qui lui était destiné.

Quid *soceros* legere, et thalamis abducere *pactas !* V.

Latinus annonce que les dieux lui envoient un gendre illustre, d'une contrée étrangère :

Externi veniunt *generi*, qui sanguine nostrum
Nomen in astra ferent. V.

2° Le singulier se met élégamment pour le pluriel ;

Uterumque *armato milite* complent. V.

Nudus
Arboris Othrys erat. O.

*Sectá*que intexunt *abiete* costas. V.

Mollique *fluentem*
Fronde premit *crinem* fingens. V.

2ᵉ SECTION.

CHANGEMENS DANS LES CAS.

Les poètes latins, à l'exemple des Grecs, mettent élégamment, après certains adjectifs, le nom de la *matière*, de la *partie*, de la *manière*, de l'*instrument* au génitif, lorsque la prose demanderait l'ablatif. Ainsi on trouve dans Virgile : fessi *rerum*, fidens *animi*, *ævi* maturus, læta *laborum*, dives *opum*, victus *animi*, animi *dubius*, lætissimus *umbræ*, trunca *pedum* (animalia), etc.

On voit dans Horace : Felicem *cerebri*, ô seri *studiorum!* Notus in fratres *animi paterni*, etc.

Ce poète qui recherche les hellénismes, emploie ce génitif avec quelques verbes : Desine *mollium* tandem *querelarum* : Regnavit *populorum*.

Mox ubi lusit satis : Abstineto,
Dixit, *irarum* calidæque *rixæ*.

Tacite a dit même en prose :

Titus Livius *eloquentiæ* ac *fidei* præclarus. (Ann. IV. 34.)

2° Avec des verbes qui marquent mouvement, on emploie quelquefois le datif au lieu de l'accusatif avec *in* ou *ad* :

It clamor *cœlo*. V.
Quis novus hic *nostris* successit *mœnibus* hospes? V.
Illa subit, *mediæ*que minans illabitur *urbi*. V.

3° On met au datif le régime du verbe passif :

Penè simul visa est, dilectaque, raptaque *Diti*. O.
Nec cernitur *ulli*. V.
Dei jussu non unquam credita *Teucris*. V.
Scriberis *Vario*. H.
Intereà pavidæ nequicquàm filia *matri*
Omnibus est terris, omni quæsita profundo. O.
Nutritosque *mihi* scandis, Patrocle, jugales. Stat.
Dum *tibi* Cadmeæ dicuntur, Pontice, Thebæ. Prop.

4° Le datif se met aussi pour le génitif :

Quod scelus ut pavidas *miseræ* mihi contigit aures. O.
Et geminas, causam *lacrymis*, sacraverat aras. V.
Miseris heu! præscia longè

Horrescunt corda *agricolis*. V.

5° Il s'emploie encore avec les verbes qui expriment une idée de combat :

Placitone etiam pugnabis *amori?* V.
Solus *tibi* certet Amyntas. V.
Stat conferre manum *Æneæ*. V.
Nisi quod pede certo
Differt *sermoni*, sermo merus. H.

6° On peut se servir, à la quatrième déclinaison, d'une forme poétique de datif, qui a la terminaison de l'ablatif.

Sæpiùs et sese mortali ostendere *cœtu*
Cœlicolæ, nondùm spretâ pietate, solebant. Cat.
Siste gradum, teque *aspectu* ne subtrahe nostro. V.
Assuetaque multo
Venatu nemorum. V.
Namque aliæ invigilant *victu*. V.
Armenias *curru* subjungere tigres. V.
Invius humano *gressu*[1]. Claud.

7° Après un adjectif ou un participe passif, les poètes mettent souvent le substantif à l'accusatif. On explique cet hellénisme en sous-entendant la préposition *secundùm*.

Omnia Mercurio similis, *vocem*que, *colorem*que,
Et *crines albos*. V.
Caput detectus *honestum*. V.
Exuvias indutus Achillis. V.
Necdùm *antiquum* saturata *dolorem*. V.

---

(1) Cette forme est fréquente dans Tacite : Præsedisse nuper fæminam *exercitio* cohortium, *decursu* legionum. Anno III, 33. Diversâ à veterum instituto per cultum et munditias, copiâ et affluentiâ *luxu* proprior (*id. id.* 30). Exponi suo *luxu* (*id. id.* 54).

8° On se sert quelquefois avec *in* de l'ablatif, au lieu de l'accusatif, pour marquer le terme d'une action :

At non ille, satum quo te mentiris, Achilles
Talis in *hoste* fuit Priamo. V.
Sæpè suo victor lenis in *hoste* fuit. O.

9° Quelques substantifs de la troisième déclinaison ont une forme d'ablatif semblable au datif. Cette forme est très usitée dans les poètes :

Atque illum in præceps prono rapit alveus *amni*. V.
Nec minùs ex *imbri* soles et aperta serena. V.
Nunc torrete *igni* fruges, nunc frangite saxo.
Incestos amores
De tenero meditatur *ungui*. H.

CHAPITRE V.

CHANGEMENS DE L'ADJECTIF.

Nous avons vu des substantifs au génitif changés en adjectifs ; nous allons voir ici le contraire :

Jampridem *coeli* nobis te regia, Cæsar,
Invidet. V.

au lieu de *coelestis*.

Depulsus ab ubere *matris*. V.

au lieu de *materno*.

Mais l'adjectif semble avoir plus de grace, et il faut le conserver autant que possible :

Maternâ redimitus tempora lauro. V.
Maternas agnoscit aves. V.

2° Les poètes mettent quelquefois un adjectif neutre

avec un substantif masculin ou féminin. On dit alors qu'on sous-entend *negotium*.

Triste lupus stabulis, maturis frugibus imbres. V.

Varium et *mutabile* semper Fœmina. V.

3° On trouve souvent une autre locution, empruntée aux Grecs comme la précédente. Au lieu de faire accorder l'adjectif avec le substantif, on le met au pluriel neutre et le substantif au génitif.

Obsedere alii telis *angusta viarum*. V.
pour *angustas vias*.

Ferimur per *opaca locorum*. V.
pour *opaca loca*.

Vilia rerum; amara curarum. H.
pour *viles res, amaras curas*.

Componit dextra victor *concussa plagarum* Jupiter. Stat.
pour *concussas plagas*.

4° L'adjectif se change élégamment en un substantif, de cette manière :

Inclementia *Divûm* Has evertit opes. V.
au lieu de *inclementes Divi*.

Et *molem* mirantur *equi*. V.
pour *ingentem equum*.

Hospitio prohibemur *arenæ*. V.
pour *hospitali arenâ*.

Venit et *Crispi* jucunda *senectus*. Juv.
pour *Crispus jucundus senex*.

Gulæque credens *colli longitudinem*. Phèd.
pour *collum longum*.

5° On peut encore le remplacer par un adverbe. Mais

il faut plutôt rechercher le changement contraire qui consiste à substituer un adjectif à un adverbe. Nous en parlerons plus loin.

Miseros fortuna *tenaciter* urget. O.

au lieu de *tenax*.

~~~~~~

CHAPITRE VI.

SECTION PREMIÈRE.

CHANGEMENS DU VERBE.

Modes. 1° Dans un récit, on peut employer l'infinitif au lieu de l'indicatif.

Nos pavidi *trepidare* metu, crinemque flagrantem
Excutere, et sanctos *restinguere* fontibus ignes. V.
      Hinc semper Ulysses
Criminibus *terrere* novis; hinc *spargere* voces
In vulgum ambiguas, et *quærere* conscius arma. V.

au lieu de *trepidamus, spargebat*, etc.

2° Quelquefois encore on met l'infinitif au lieu de l'indicatif, après une exclamation de douleur, d'indignation, de désespoir, etc.

    Mene incepto *desistere* victam! V.
      Mene Iliacis occumbere campis
Non *potuisse*, tuâque animam hanc effundere dextrâ! V.
Invidisse Deos patriis ut redditus aris
Conjugium optatum, et pulchram Calydona viderem! V¹.

Le sujet alors, comme on le voit, se met à l'accusatif.

---

(1) Tive-Live a dit de même : Hoc vos *scire*! hoc posteris memoriæ *traditum iri* etc.

3. Au lieu de l'imparfait et du plus-que-parfait du subjonctif dans le sens conditionnel, les poètes aiment à mettre l'imparfait et le plus-que-parfait de l'indicatif. La prose en fournirait aussi quelques exemples :

> Et si non alium latè jactaret odorem,
> Laurus *erat*. V.
> Portus *erat*, si non violentior insula Coros
> Exciperet saxis. Luc.
> Major deceptæ fama est et gloria dextræ;
>   Si non peccâsset, *fecerat* illa minùs. M.
>   Si mens non læva fuisset,
> *Impulerat* ferro Argolicas violare latebras. V.
> Tu tamen è sacris hederæ cultoribus unum
>   Numine *debueras* sustinuisse tuo. O.

On trouve quelquefois le parfait dans le même sens :

> Si non pertæsum thalami tædæque fuisset,
> Huic uni forsan *potui* succumbere culpæ. V.
> Si tibi non fuerant cordi connubia nostra,
> Attamen in vestras *potuisti* ducere sedes. Cat.
>   Et si placerent tertiæ sortis loca,
> Regnare *potui*. Sen.

4. En poésie on emploie plus volontiers l'infinitif que le gérondif en *di*, pour exprimer le rapport marqué en français par *de* :

> Sed si tantus amor casus *cognoscere* nostros. V.
> Verùm ubi nulla datur dextram *affectare* potestas. V.
>   Vis nulla *arcere* furentes. Stat.

5. Empruntant une locution grecque, les Latins construisent avec l'infinitif certains adjectifs, certains verbes, qui dans la prose demanderaient le gérondif en *dum* avec *ad*.

> Incumbunt generis lapsi *sarcire* ruinas. V.
> Diversa exilia, et diversas *quærere* terras
> Auguriis agimur Divûm. V.

Rité maturos *aperire* partus
Lenis Ilithyia. H.
Et vos crinigeros bellis *arcere* Caïcos
Oppositi. Luc.
Nec rhombos ideò libertis *ponere* lautus,
Nec tenuem solers turdorum *nôsse* salivam. Pers.
  Docilis fallendi, et *nectere* tectos
Nusquàm tarda dolos. Sil. It.
  Gravioraque tela *mereri*
Servatus Capaneus. Stat.

6° Ils mettent l'infinitif au lieu du supin. Ainsi Horace a dit : Niveus *videri*.

Ipsa caput mundi, bellorum maxima merces
Roma, *capi* facilis. Luc.
Et desit si larga Ceres, tunc horrida *cerni*,
Fædaque *contingi* maculato carpere morsu. Stat.
  Acheron invius *renavigari*. Sen.
  Ibat et hirsutas ille *videre* feras. Prop.

7° Ils emploient indifféremment le subjonctif ou l'infinitif après les verbes *timere, vetare, suadere, hortari, jubere, necesse est, oportet*, et quelques autres :

Sive quod inventis miser abstinet ac timet *uti*. H.
Ulteriùs *tentare* veto. V.
Juturnam misero, fateor, *succurrere* fratri
Suasi. V.
Hortatur Cytherea *legant*. Claud.
Hortamur *fari* quo sanguine cretus. V.
  Magnâ ditione jubeto
Carthago *premat* Ausoniam. V.
Seu Troas *fieri* jubeas, Teucrosque vocari. V.

2ᵉ SECTION.

1° **Temps.** Rien n'est plus fréquent, en prose comme en poésie, que de remplacer dans un récit le parfait par le présent. Cette tournure donne de la vivacité au discours. Ce que l'écrivain raconte semble se reproduire à nos yeux; nous assistons à la scène qu'il décrit.

2° De même, lorsqu'on veut donner une idée frappante de la rapidité d'une action, on la représente, non plus comme se faisant actuellement, mais comme déjà faite; alors le parfait remplace à son tour le présent.

> Terra tremit, *fugére* feræ, et mortalia corda
> Per gentes humilis *stravit* pavor. V.
> Et pavidæ matres *pressére* ad pectora natos. V.
> Tùm verò incumbunt : urget præsentia Turni,
> Atque omnis facibus pubes accingitur atris ;
> *Diripuére* focos. V.

Même sans vouloir produire cet effet, et en parlant d'une chose habituelle, vraie dans tous les temps, les poëtes mettent quelquefois le parfait au lieu du présent. Ils imitent l'aoriste des Grecs :

> Dicendum et quæ sint duris messoribus arma,
> Queis sine nec *potuére* seri, nec surgere messes. V.
> Hæc eadem argenti rivos, ærisque metalla
> *Ostendit* venis, atque auro plurima *fluxit*. V.
>   Addit honores,
> Victori chlamydem auratam, quam plurima circùm
> Purpura Mæandro duplici Meliboea *cucurrit*. V.
>   Non æris acervus et auri
> Ægroto domini *deduxit* corpore febres. H.

3° Il est très commun de voir le parfait de l'infinitif pour le présent :

> Bacchatur vates, magnum si pectore possit

Excussisse Deum. V.

Soloecismum liceat *fecisse* marito. Juv.
Si curat cor spectantis *tetigisse* querelâ. H.
Præcipitantque suos luctus, neuterque recedens
Sustinuit *dixisse* : Vale. Luc.
Membraque qui ferro gaudet *pinxisse* Gelonus. Cl.
Non ultra patiens Fabius *texisse* dolorem. Sil. It.

Nous avons vu dans des vers cités plus haut :

Tu tamen è sacris hederæ cultoribus unum
Numine debueras *sustinuisse* tuo. O.

Il semblerait qu'alors le poète, fidèle au temps qu'il adopte, ne devrait point en changer : cependant les exemples de parfaits mêlés avec des présens dans ce cas sont si fréquens, qu'on ne saurait en blâmer le mélange.

Tùm *certare* odiis, et res *rapuisse* licebit. V.
Molliri membra videres,
Ossa *pati* flexus, ungues *posuisse* rigorem. O.
Virtus est vitium *fugere*, et sapientia prima
Stultitiâ *caruisse*. H.
Anhelum impellere plantâ
Cornipedem, et *stravisse* feras immitis amabat. Sil. It.
Ne mihi tam molles sub dio *carpere* somnos,
Neu dorso nemoris libeat *jacuisse* per herbas. V.
Vix tangente vagos ferro *resecare* capillos
Doctus, et hirsutas *excoluisse* genas. M.

4° Ils emploient indifféremment les deux futurs. On voit l'analogie de cet emploi avec la remarque précédente.

Quæ, Tiberine, *videbis*
Funera, quum tumulum præterlabere recentem ! V.
Quas gentes Italûm, aut quas non *oraveris* urbes ! V.
Si quandò Tibrim, vicinaque Tibridis arva
Intrâro, gentique meæ data moenia *cernam*. V.

On trouve souvent le présent du subjonctif pour l'imparfait du même mode, dans le sens conditionnel :

Ni *faciat*, maria ac terras cœlumque profundum
Quippe *ferant* rapidi secum, *verrantque* per auras. V.
Continuòque *ineant* pugnas, et prælia *tentent*,
Ni roseus fessos jam gurgite Phœbus Ibero
Tingat equos, noctemque, die labente, reducat. V.
        Quos undique Graiæ
Circumerrant acies, et, ni mea cura *resistat*,
Jam flammæ tulerint, inimicus et hauserit ensis. V.

On voit, dans ce dernier vers, *tulerint* et *hauserit*, à la place de *tulissent* et *hausisset*.

3ᵉ SECTION.

NOMBRES. Les verbes peuvent éprouver encore quelques changemens dans les nombres.

1° Le pluriel pour le singulier, à la première personne, donne de la dignité à la pensée. Ecoutez Didon sur le point de se donner la mort :

        Moriamur inultæ,
Sed *moriamur*, ait. V.

Dejanire se reproche sa douleur :

        Quid autem
Flemus, ait? pellex lacrymis lætabitur istis. O.
Pisa mihi patria est, et ab Elide *ducimus* ævum. O.

2° On sait qu'avec un nom collectif, on a la liberté de mettre le verbe au pluriel :

       Pars ingentem formidine turpi
Scandunt rursùs equum, et notâ *conduntur* in alvo. V.
Incubuére vadis passim discrimine nullo
Turba simul. STAT.

Ce qui est plus étonnant, et pourtant se trouve suffisamment autorisé, c'est que l'on peut mettre un verbe au singulier à côté d'un autre au pluriel :

Passim Trojana juventus
Circumfusa *ruit, certant*que illudere capto. V.
Pars *stupet* innuptæ donum exitiale Minervæ,
Et molem *mirantur* equi. V.
At genus è sylvis Cyclopum et montibus altis
Excitum *ruit* ad portus, et littora *complent*. V.

3° On peut laisser le verbe au singulier avec deux ou plusieurs sujets, même quand l'un serait pluriel, pourvu que le dernier, auquel on fait rapporter le verbe, soit singulier :

Et genus, et virtus, nisi cum re, vilior alga *est*. H.
Est Amathus, *est* celsa mihi Paphos atque Cythera,
Idaliæque domus. V.

Hùc undique Troïa gaza
Incensis erepta adytis, captivaque vestis
Congeritur. V.
Cæruleæ cui terga notæ, maculosus et auro
Squammam *incendebat* fulgor. V.
Si fortunatum species et gratia *præstat*. H.

CHAPITRE VII.

CHANGEMENS DE L'ADVERBE.

Il faut exclure, autant que possible, les *adverbes* de la poésie, surtout ceux qui sont formés de la seconde déclinaison et qui se terminent en *è* ou en *ò*, comme *tardè*, *rarò*. Les *adverbes* au comparatif comme *molliùs*, *leniùs*, et ceux qui finissent en *er*, comme *flebiliter*, peuvent être admis.

1° L'*adverbe* se remplace très élégamment en poésie par un adjectif que l'on fait rapporter tantôt au sujet, tantôt au régime :

 Solvite vela *citi*. V.
pour *citò*.
 Creber utrâque manu pulsat versatque Dareta. V.
pour *crebrò*.
 Solane *perpetuâ* mærens carpere juventâ. V.
pour *perpetuò*.
 Nec minùs Æneas se *matutinus* agebat. V.
 Hanc *matutinos* pectens ancilla capillos
 Excitet. O.
pour *manè*.

2° A l'imitation des Grecs, les poètes remplacent souvent l'*adverbe* par un adjectif neutre au singulier ou au pluriel :

 Non secùs ac liquidâ si quandò nocte cometæ
 Sanguinei *lugubre* rubent. V.
 Hæret *inexpletùm* lacrymans. V.
      Insueta rudentem
 Desuper Alcides telis premit. V.
      Respondent *flebile* ripæ. O.
 Sic *hostile* tuens fratrem. Stat.

CHAPITRE VIII.

CHANGEMENS DES CONJONCTIONS.

Nous ne pouvons passer en revue toutes les conjonctions ; mais nous présenterons quelques remarques sur les plus usitées.

1° Et, *ac*, *atque*, *que*. Ces conjonctions sont souvent

répétées d'une manière toute poétique, comme dans les exemples suivans :

Regemque dedit qui fœdere certo
Et premere *et* laxas sciret dare jussus habenas. V.
O qui res hominum*que* Deûm*que*
Æternis regis imperiis. V.
Littora*que et* vacuos sensit sine remige portus. V.
Atque Deos *atque* astra vocat crudelia mater. V.

Voici plusieurs de leurs synonymes les plus remarquables :

Nec non galbaneos suadebo incendere odores. V.
Nec non et Teucri sociâ simùl urbe fruuntur. V.
Cum stabulis armenta trahit. V.
Et Metus, et malesuada Fames, ac turpis Egestas,
Terribiles visu formæ, Lethumque, Labosque,
Tùm consanguineus lethi Sopor, et mala mentis
Gaudia. V.

Ce dernier mot est plus rare, et ne se met guère que dans les énumérations.

On trouve très souvent, surtout dans Virgile, *aut* ou *ve*, signifiant *et*.

Tectusque recusat
Prodere voce suâ quemquam, *aut* opponere morti. V.
Non hæc tibi littora suasit
Delius *aut* Cretæ considere jussit Apollo. V.
Quò molem hanc immanis equi statuére? quis auctor?
Quid*ve* petunt? V.
Quò, quò, scelesti, ruitis? *aut* cur dexteris
Aptantur enses conditi? H.

Cette conjonction est quelquefois remplacée par un mot que l'on répète :

Regales accensa comas, *accensa* coronam. V.

> Infelix, conjux, te solo in littore secum,
> Te, veniente die, te, decedente, canebat. V.

Et même cette répétition peut avoir lieu sans que la conjonction soit supprimée :

> Littore ab Euxino Nasonis epistola veni,
> Lassaque facta mari, lassaque facta viâ. O.

2° NEC. Ce mot est souvent remplacé par *aut* ou *ve* :

> Non mihi Tyndaridis facies invisa Lacaenae,
> Culpatusve Paris. V.

La poésie emploie *et* à la place de *nec* : alors la négation placée en tête de la phrase la domine toute entière.

> Neque eum juvere in vulnera canius
> Somniferi, et Marsis quaesitae in montibus herbae. V.
> Nec solos tangit Atridas
> Iste dolor, solisque licet capere arma Mycenis. V.

Cette remarque est essentielle, si l'on veut lire Lucain : sans elle, beaucoup de phrases seraient inintelligibles, ou offriraient un faux sens.

> At non magnanimi percussit pectora Bruti
> Terror, et, in tantâ pavidi formidine vulgi,
> Pars populi lugentis erat.

Si on traduisait *et* comme à l'ordinaire, on verrait Brutus d'un côté inaccessible à la crainte, de l'autre partageant le deuil général : *Nec erat pars populis lugentis.*

> Non tàm caeco trahis omnia cursu,
> Teque nihil, Fortuna, pudet. V.

C'est-à-dire, *nec te nihil*, *ou aliquid, Fortuna, pudet.* Et tu as quelques égards ; quelques considérations te retiennent.

CHAPITRE IX.

CHANGEMENS DE TOURNURES.

Il ne suffit pas de savoir ainsi changer un mot de la phrase, il faut encore pouvoir au besoin substituer une tournure à une autre. Rien ne facilite plus la versification que la connaissance de ces diverses transformations.

Nous allons voir le vocatif remplacer différens autres cas.

Terretur minimo pennæ stridore columba,
    Unguibus, *accipiter*, saucia facta tuis. O.
au lieu d'*accipitri*.

Dextra sed Ausonio manus est subjecta Peloro,
    Læva, *Pachyne*, tibi. O.
Pachyno.

            Et te, *Catilina*, minaci
Pendentem scopulo. V.
Catilinam.

Supposons qu'on ait dans une matière : *Quis te Deus Palinure, nobis eripuit?* On chercherait peut-être long-temps avant de trouver cette substitution si simple :

          Quis te, Palinure, *Deorum*
Eripuit nobis? V.

Il en est de même de ces exemples :

Æneam *hominum* quisquam *Divûm*que subegit
Bella sequi? V.
Namque aliæ, nullis *hominum* cogentibus, ipsæ
Sponte suâ venient. V.

On a souvent besoin de changer un actif en passif et

vice versâ. Ainsi, au lieu de *eamque cæcus ignis carpit*, on met :

Et cæco carpitur igni. V.

Souvent la quantité d'un mot peut embarrasser. Par exemple, *conscium*, *clementiam*, ne peuvent guère entrer dans un vers hexamètre[1]. En tournant par le passif, on obtiendra un nominatif, et la difficulté disparaîtra. Exemple : *A mente sibi recti consciâ præmia digna ferantur :*

Et *mens* sibi *conscia* recti
Præmia digna *ferat.* V.

Souvent il faut avoir recours à un verbe qui régit un autre cas que celui de la matière. Ainsi au lieu de *habeo nymphas :*

Sunt mihi bis septem præstanti corpore nymphæ. V.
Au lieu de *lentam salicem superat pallens oliva :*
Lenta salix quantùm *pallenti cedit olivæ.* V.

4° Quelquefois on changera un verbe en un substantif. Exemple : *hic animus lucem contemnit :*

Est hic, est animus lucis *contemptor.* V.
Non Diva te genuit :
Non tibi Diva *parens.* V.

5° Le participe, après *videre*, *audire*, peut se remplacer par l'infinitif :

Te quoque magnanimæ viderunt, Ismare, gentes
Vulnera *dirigere*, et calamos *armare* veneno. V.
Demens ! nec Zephyros audis *spirare* secundos ! V.

___

(1) A la rigueur ces mots pourraient y être admis : mais l'emploi en est très rare, et il faut l'éviter.

On pourrait opérer le même changement dans ce vers :

> Gaudetque comantes
> *Excutiens* cervice toros. V.

On serait libre de mettre *excutere* ou *excussisse*, si la quantité le demandait.

6° On peut souvent changer le participe en un substantif :

> Geminæ quùm forte columbæ
> Ipsa sub ora viri cœlo venère *volantes*. V.

A la place de *volantes* on pourrait mettre *volatu* ; mais il serait bon alors d'ajouter une épithète au substantif.

> *Trepido* petit arva *volatu*. V.
> *Pulchroque* secat Galatea *natatu*
> Flumen. Claud.

Au lieu de *turpiter formidantes*, on dit élégamment :

> Para ingentem *formidine turpi*
> Scandunt rursùs equum. V.

Remarque. On trouve quelquefois le gérondif à la place du participe. Mais en général il est mieux d'éviter cette forme.

> Nec potis Ionios fluctus æquare *sequendo*. V.
> Vires acquirit *eundo*. V.

7° On peut quelquefois employer le participe passé pour le participe présent, et réciproquement, de cette manière :

> Ille hæc *depositâ* tandem *formidine* fatur. V.

au lieu de *deponens formidinem*.

Effundens lacrymas équivaut à *lacrymis obortis*.

8° On peut, à la place du participe présent, mettre

un verbe au même temps que le verbe précédent, en les unissant par *et*.

> Tuane hæc, genitor, per vulnera servor,
> Morte tuâ *vivens !* V.

Ce second membre deviendrait alors : *et* morte tuâ *vivo*.

Au lieu de *ni gens me ferro invasisset, prædam putans*, Virgile dit :

> Ferro invasisset, prædam*que* ignara *putásset*.

Au lieu de *celerare fugam, nocti* fidentes :

> Sed celerare fugam in sylvas, *et fidere* nocti.

Au lieu de *Æneas sic fatur*, prætendens *ramum olivæ :*

> Tùm pater Æneas puppi sic fatur ab altâ,
> Paciferæ*que* manu ramum *prætendit* olivæ.

Le participe passé peut s'employer dans le même cas, en mettant le substantif à l'ablatif absolu :

> Ipse inter primos *correptâ* dura *bipenni*
> Limina perrumpit. V.

Correptâ bipenni équivaut à *corripit bipennem et*.

9° Nous allons voir le participe devenir verbe, et le verbe devenir participe indifféremment.

> Sic *fatur lacrymans*.
> Talia *fundebat lacrymans*.
> Sic *ait illacrymans*. V.

équivalent à

> Sic *memorans*, largo fletu simul ora *rigabat*.
> Sic *memorans*, vultum lacrymis atque ora *rigabat*. V.

10° On peut substituer au participe passé un indicatif avec l'adjectif conjonctif *qui, quæ, quod*. Ainsi, au lieu de dire *ignes sacratos ab ipso*, on dira :

> Sanguine fœdantem *quos ipse sacraverat* ignes. V.

On peut opérer le changement inverse : *Phœbe*, qui *semper* miseratus es *Trojæ labores*, deviendra :

Phœbe, graves Trojæ semper *miserate* labores. V.

Et de même :

O tandem magnis pelagi *defuncte* periclis. V.
O nimiùm cœlo et pelagi *confise* sereno. V.

au lieu de *qui defunctus, confisus es*.

11° Les phrases où se trouve une des conjonctions *quùm, si, postquam, ut*, etc., peuvent souvent se tourner par un participe. Exemple : *Socratis morti illacrymari soleo*, Platonem legens *(quùm lego)*. *Equum empturus*, solvi jubes stratum. (Une matière pourrait mettre si equum *empturus es*.) *Mendaci ne verum quidem* dicenti *creditur (etiamsi* verum *dicit)*.

           Læto complêrant littora cœtu,
Visuri Æneadas. V.   *Ut viderent*.
Sic demùm socios, *consumptâ nocte*, reviso. V.
    Postquam nox consumpta esset.
              Pelagique labores
Emensus. SIL. IT.
Postquam emensus esset.

Remarque. Lorsque *quùm* signifie *toutes les fois que*, on tourne élégamment la phrase par *si quandò*.

Canto quæ solitus, *si quandò* armenta vocabat
Amphion. V.
Non secus ac liquidâ *si quandò* nocte cometæ
Sanguinei lugubre rubent. V. [1]

---

(1) On dit de même, au lieu de l'adjectif conjonctif, *qui, quæ, quod; si quis, si qua*, etc.

Illi etiam, *si quos* obscurâ nocte per umbram
Fudimus insidiis, totâque agitavimus urbe,
Apparent. V.
Et gens *si qua* jacet nascenti conscia Nilo. LUC.

12. Il est élégant de remplacer un adverbe par un verbe, en tournant la phrase comme il suit :

Obliquo *laborat*
Lympha fugax *trepidare* rivo. H.

mieux que *trepidat ægrè*.

*Certant*que *illudere* capto. V.

au lieu de *certatim illudunt*.

Properes anni spem *credere* terræ. V.

crede citò.

Ne dubites in prælia *poscere* Turnum. V.

posce audacter.

Ces infinitifs facilitent beaucoup la facture des vers. Voici les verbes qui les précèdent le plus souvent : *certare, laborare, niti, conari, luctari, tendere, gaudere, gestire, amare, studere, flagrare, ardere, properare, festinare*.

Les adverbes de quantité *multùm*, *tantùm*, *plus*, etc., suivis d'un génitif, peuvent être remplacés par l'adjectif correspondant. Virgile a dit :

Et *tantùm* superesse *maris*.

Il a dit aussi :

Tantæne animis cœlestibus *iræ* !

Il est impossible d'indiquer tous les changemens de tournure qu'on peut faire subir aux phrases. Nous nous contenterons d'avoir parlé des principaux. L'important est d'appeler l'attention sur une ressource si féconde.

CHAPITRE X.

DES PÉRIPHRASES.

Les *périphrases* ne sont que des synonymes plus étendus. Elles désignent par plusieurs mots un objet qui pourrait être désigné par un seul.

La *périphrase* procède de plusieurs manières. 1° Elle conserve le substantif primitif, en y ajoutant un autre substantif qui le décrit. Ainsi on dira :

Clypei non enarrabile *textum*. V.

au lieu de *clypeum*.

Sub pedibusque Deæ, *clypei*que sub *orbe* teguntur. V.
sub clypeo.

*Loricæ*que *moras* et pectus perforat ingens. V.
Loricam.

Reddit *specus* atri *vulneris* undam
Spumantem. V.
Vulnus.

Onerantque canistris
Dona laboratæ *Cereris*. V.
Cererem.

Ait *sententia* dia *Catonis*. H.
au lieu de *Cato* [1].

Dans l'exemple suivant le substantif principal a été changé en adjectif :

Perrupit Acheronta *Herculeus labor*. H.
au lieu de *Hercules*.

---

(1) On voit par quelques-uns de ces exemples que l'un des substantifs et même tous les deux, peuvent prendre une épithète. Ce moyen contribue beaucoup à la richesse du style poétique.

2° Elle supprime entièrement le nom des objets, et les désigne en rappelant leur famille, leur patrie, leur nature, etc.

>Hæc ait, et *Maiâ genitum* demittit ab alto. V.

au lieu de *Mercurium*.

>Unus *Pellæo* juveni non sufficit orbis. Juv.

au lieu de *Alexandro*.

>Audax *Iapeti genus*. H.

au lieu de *homines*.

>Jam *maris* immensi *prolem* et *genus* omne *natantûm*
>Littore in extremo, ceu naufraga corpora, fluctus
>Proluit. V.

au lieu de *pisces*.

3° Pour opérer ce changement sur un verbe, on peut faire une phrase où l'on introduise le substantif qui correspond à ce verbe. Ainsi, au lieu d'*amare*, on dira :

>Me tamen *urit* amor.
>Talis *amor* Daphnim *teneat*. V.
>   Toto pectore *vivus*
>*Spirat* amor. O.
>Nec *viduum pectus amoris habes*. O.

Au lieu de *quiescere*.

>Placidâ *laxârant membra quiete*. V.
>   *Oculos* ubi languida *pressit*
>Nocte *quies*. V.

4° Ou bien on remplace le verbe par une courte description. Au lieu de *navigare*, on dit :

>*Vela dare, facere*, etc.
>*Fluctus, æquor, scindere, tranare, arare*, etc.

Au lieu de *arare* :

>*Terram exercere, domare*, etc.
>*Glebas invertere, convellere*, etc.
>*Telluri infindere sulcos*.

Ces deux moyens sont souvent réunis :

> Agricola incurvo *terram molitus aratro*. V.
> Quid labor aut benefacta juvant? quid *vomere terras
> Invertisse* graves ? V.
> Ergo ægrè *rastris terram rimantur*. V.
> Non aliter quàm qui adverso vix flumine *lembum
> Remigiis subigit*. V.
> Pauca tamen suberunt priscæ vestigia fraudis,
> Quæ *tentare Thetim ratibus* (jubeant). V.
>   Celerique *carinâ
> Ægeas metiris aquas*. O.

Jusqu'ici nous n'avons indiqué que des *périphrases* de mots. Il y a aussi des *périphrases* de pensée. Ainsi, pour rendre l'idée de *cras*, les poètes diront :

> Crastina puniceos quùm lux detexerit ortus. CLAUD.
>   Quùm primùm crastina coelo
> Puniceis invecta rotis Aurora rubebit. V.

1re *Remarque*. Ils évitent les superlatifs, et les expriment au moyen d'une circonlocution. Au lieu de *Misenum* præstantissimum *ære ciere viros*, ils disent :

> Misenum Æolidem, *quo non præstantior alter
> Ære ciere viros*, Martemque accendere cantu. V.
> Et juxtà comes Euryalus, *quo pulchrior alter
> Non fuit* Æneadùm, Trojana neque induit arma. V.

Cette tournure est la plus fréquente. On trouve aussi les suivantes :

> Turnus ego *nulli* veterum virtute *secundus*. V.
> O *felix una antè alias* Priameia virgo. V.
> Dat signum cœlo, *quo non præsentius ullum*
> Turbavit mentes Italas. V.
> Jamque aderat Phœbo *ante alios dilectus* Iapis. V.
>   Scelere *ante alios immanior omnes*. V.

2ᵉ *Remarque.* Ils rendent ordinairement les noms de nombre par une *périphrase* qui en énonce les deux moitiés ou les trois tiers.

>Sunt mihi *bis septem* præstanti corpore Nymphæ. V.
>*Bis quinos* silet illa dies. V.
>Martia *ter senos* proles adoleverat annos. O.
>Abdita sunt illis auri *bis quinque* talenta,
> *Bis sex* assueti vincere semper equi. O.

Ils veulent surtout éviter ce qui est prosaïque. De là ces formes nouvelles et élégantes :

>*Alter ab undecimo* tùm vix me ceperat annus. V.

au lieu de *duodecimus*.

>Jamque *unus lustris geminis* accesserat annus. O.

au lieu de *undecim*.

Nous avons montré que dans certains cas un mot ne peut avoir de synonyme. Il en est de même ici. Souvent un mot ne saurait être remplacé par une *périphrase*. Par exemple, nous voyons dans Virgile :

>Urbs antiqua fuit, Tyrii tenuere coloni,
>*Carthago.*

Le goût réprouverait tous les changemens que l'on voudrait faire subir à cette expression. Il faut absolument cette fois nommer Carthage par son nom. Plus tard le poète pourra l'appeler *urbs Tyria*, *Tyriæ arces*, etc. Toutes ces *périphrases* alors seront claires et élégantes.

C'est au sentiment que nous laissons le soin de prononcer à cet égard. La matière est trop délicate pour que nous puissions établir des règles fixes, relativement à cette difficulté. Un instant de réflexion vaudra mieux que tous les préceptes.

CHAPITRE XI.

PREMIÈRE SECTION.

DES ÉPITHÈTES.

Nous nous sommes contentés jusqu'ici de faire connaître les divers changemens dont les mots sont susceptibles; nous n'avons encore rien ajouté aux données d'une matière. La plus simple des additions est celle que l'on connaît sous le nom d'*épithète*, ou adjectif qui qualifie le substantif. L'emploi en est bien plus fréquent encore dans la poésie que dans l'éloquence. Nous allons présenter quelques observations sur le choix qu'il faut en faire et sur la place qu'elles doivent occuper.

Les *épithètes* sont indispensables, ou de pur ornement. Quelquefois un substantif n'offrirait qu'une idée vague et incomplète, parce qu'il convient à plusieurs objets. Il faut, pour l'éclaircir, l'accompagner d'une *épithète* qui lui serve pour ainsi dire de prénom, et empêche l'esprit de se méprendre. Par exemple, plusieurs villes dans l'antiquité ont porté le nom de Thèbes. Il y en avait une située en Béotie, une autre en Cilicie, une troisième dans la Haute-Egypte. Le poète qui veut parler de l'une d'elles a soin de désigner par une épithète celle qu'il a en vue :

> Dùm tibi *Cadmeæ* dicuntur, Pontice, Thebæ. Prop.
> *Œdipodioniæ* quid sunt, nisi fabula, Thebæ? O.
> Quid *Pandioniæ* jam sunt, nisi nomina, Thebæ? O.

Il s'agit ici de Thèbes en Béotie, désignée par son

fondateur et ses rois. Ovide appelle la Thèbes de Cilicie *Æetioniæ*, du nom de son roi *Éétion*, père d'Andromaque. Ces *épithètes* sont si nécessaires à la clarté, que, si on les supprime, il faut y suppléer par quelques développemens qui produisent le même effet :

Cecidere Thebæ : *vidit Æetion capi*
Sua regna victus. Sén.

Juvénal désigne la Thèbes d'Egypte par ses cent portes :

Atque vetus Thebe *centum* jacet obruta *portis*.

On peut encore citer à ce propos cet exemple de Virgile :

Unius ob noxam et furias Ajacis *Oïlei*.

On ne peut confondre cet Ajax avec le fils de Télamon.

Mais le plus souvent l'*épithète* n'est que pour l'ornement. Elle contribue à l'effet de la pensée, de l'image, du sentiment ; elle rend l'expression plus énergique, ou plus noble, ou plus harmonieuse, ou plus pathétique, ou plus piquante, ou plus pittoresque. Si elle ne remplit pas l'une de ces conditions, elle doit être bannie comme un mot parasite. Qu'on se rappelle cet adage : *Obstat quidquid non adjuvat*. Autant des épithètes bien choisies et placées avec discrétion relèvent la poésie, autant des épithètes insignifiantes semées avec profusion l'énervent et la dégradent. Aristote dit qu'il faut s'en servir non comme d'une nourriture, mais comme d'un assaisonnement. Marmontel compare les *épithètes* froides et surabondantes à ces bracelets et à ces colliers qu'un mauvais peintre avait mis aux Graces.

ÉPITHÈTES TIRÉES DE LA NATURE DES CHOSES. Toutefois il faut reconnaître que les anciens étaient moins exigeans que nous sur le choix des *épithètes*. Les premiers poètes peignaient les objets par leurs qualités les plus frappantes. On voit dans Homère de ces *épithètes* qui sont devenues presque inséparables du substantif, et qui, vu leur emploi perpétuel, cessent de provoquer l'attention. Il en a transmis quelques-unes à Virgile ; mais elles sont beaucoup moins nombreuses dans ce dernier, et elles disparaissent presque totalement chez les poètes qui lui sont postérieurs. Nous serions encore plus sévères dans notre langue, et nous trouverions trop peu de sens dans les *épithètes* suivantes :

*Flava*que de viridi stillabant ilice mella. V.
Cumque gubernaclo *liquidas* projecit in undas. V.
Delphinum similes qui per maria *humida* nando
Carpathium Libycumque secant. V.

N'oublions pas cependant que nous parlons de poésie latine, et soyons un peu en garde contre le penchant qui nous ferait juger avec la rigueur moderne les *épithètes* dont elle fait usage. Permettons aux jeunes gens qui la cultivent d'imiter quelquefois leurs modèles, et ne leur reprochons pas d'employer des mots sans idée, s'ils mettent, comme Virgile l'a mis tant de fois : *Pueri innuptæque puellæ*. Ne proscrivons pas trop sévèrement une *épithète* pareille à celle-ci :

Quos neque Tydides, nec *Larissæus* Achilles,
Non anni domuére decem, non mille carinæ. V.

Remarque. Une *épithète* toute simple, et qui le plus souvent s'emploierait sans produire le moindre effet, peut être relevée par l'usage heureux que le poète sait en faire. Elle cesse alors d'être commune, et semble avoir été créée pour la circonstance.

L'*épithète* de *cornipes* ajoutée à *equus* n'a certainement rien de bien remarquable. Virgile a su lui donner un grand sens lorsqu'il parle de Salmonée imitant le bruit de la foudre :

    Demens qui nimbos et non imitabile fulmen,
    Ære et *cornipedum* pulsu simulârat equorum !

L'*épithète* de *Neptunia* donnée à *Troja* n'est qu'une *épithète* historique ; mais voyez quelle valeur elle acquiert dans ces vers du même poète, où la ruine de Troie contraste d'une manière si frappante avec sa céleste origine !

    Omnis humo fumat *Neptunia Troja*.

Épithètes de caractère. Elles expriment la qualité dominante d'un homme ou d'une chose considérés hors de leur espèce. Ces sortes d'*épithètes* sont déjà meilleures que les précédentes, parce qu'elles sont plus individuelles. Elles n'appartiennent pas nécessairement à toute une classe, mais elles en caractérisent certains membres :

    Sum *pius* Æneas, famâ super æthera notus. V.
    Transadigit costas, et pectora *candida* rumpit. V.

Énée couronne sa tête de myrte ; il est fils de Vénus :

    Sic fatus, velat *maternâ* tempora lauro. V.

Épithètes de circonstance. Mais les *épithètes* qui doivent surtout faire l'objet de nos recherches sont les *épithètes* de circonstance. Elles ne sont pas l'attribut inhérent d'une classe ni même d'un individu ; elles ne conviennent à un individu que dans un cas donné. Il s'ensuit qu'elles peuvent être variées à l'infini. C'est ici que le *Gradus* n'est plus d'aucun secours. Elles ne sauraient être fournies par les yeux ; c'est à la réflexion seule qu'on les devra. L'intelligence, à peu près oisive lorsqu'il ne s'agit que de feuilleter un *Dictionnaire* pour trouver un adjectif qui ait telle quantité, s'exerce et se développe lorsqu'elle exige telle idée de l'adjectif qui doit satisfaire au besoin de la versification. Aussi les *épithètes* de *circonstance* bien choisies dénotent la sagacité de l'esprit et lui font honneur. L'exemple souvent cité de Priam armant son bras débile d'un glaive qui n'est plus fait pour son âge, en montre tout le prix :

Arma *diù* senior *desueta trementibus œvo*
Circumdat nequicquàm humeris, et *inutile* ferrum
Cingitur, ac *densos* fertur moriturus in hostes. V.
Crudeles somni, quid me tenuistis inertem ? O.

s'écrie Ariane abandonnée. Les épithètes ordinaires de *somnus* sont contraires à celle de cet exemple.

Nec minùs Æneas se *matutinus* agebat. V.

Juvénal dit qu'un avare avait coutume

Filaque *sectivi numerata* includere porri.

On trouve encore dans les auteurs une sorte d'*épithète* qui n'est puisée à aucune de ces sources. Au lieu de mettre une *épithète* prise dans la nature ou dans la circonstance à un mot général comme *mare*, ils mettent un adjectif qui particularise ce terme vague. Ce n'est plus une mer quelconque, c'est la mer *Ionienne*, *Caspienne*, etc., quoique pourtant le fait soit vrai pour toutes les mers. Cette manière de s'exprimer est fréquente dans les poètes, et surtout dans Horace :

Quicumque *Bithynâ* lacessit
Carpathium pelagus carinâ.
Ne *Cypriæ Tyriæ*que merces
Addant avaro divitias mari. H.
Delphinum similes, qui per maria humida nando
*Carpathium Libycum*que secant. V.

En parlant des changemens du substantif, nous avons dit qu'on prenait quelquefois le genre pour l'espèce (chap. III, pag. 10). L'épithète dont nous parlons ici remplit une fonction analogue. Voici un exemple où ces deux remarques trouvent à la fois leur application. Donnons d'abord l'idée simple et dépouillée d'ornemens :
Non semper è cœlo cadunt imbres, nec in mari sæviunt procellæ, nec in montibus glacies rigent, nec arbores ventorum turbinibus agitantur.

>Non semper imbres nubibus hispidos
>Manant in agros; nec mare *Caspium*
>   Vexant inæquales procellæ
>   Usque, nec *Armeniis* in oris,
>Amice Valgi, stat glacies iners
>Menses per omnes, aut *aquilonibus*
>   *Querceta Gargani* laborant,
>   Aut foliis viduantur *orni* [1]. H.

Remarque. L'*épithète* de circonstance et l'*épithète* de caractère expriment souvent une idée tout opposée. Ainsi, dans cette phrase :

>   Ubi *libera* colla
>Servitio assuérint. V.

on conçoit que le poète aurait pu, au lieu de *libera*, mettre une *épithète* dans le sens de *soumis*, *dociles*.

---

[1] Il faut cependant avoir soin de choisir des lieux renommés par la qualité qu'on leur attribue :
>   Vel quùm *Gortynia* tendis
>Spicula. Cl.
>   Calthaque *Pæstanas* vincat odore rosas. O.
>   Nunquam dimoveas ut trabe *Cypriâ*
>*Myrtoum* pavidus nauta secet mare. H.

Les flèches de la Crète, les roses de Pæstum, les forêts de l'île de Chypre, les tempêtes de la mer Egée, étaient célèbres chez les anciens.

Ces deux espèces d'*épithètes* sont également fréquentes en poésie. L'*épithète* de caractère fait antithèse avec le reste de la phrase :

Quùm caput obscurâ *nitidum* ferrugine texit. V.

Quæ causa indigna *serenos*
Fœdavit vultus? V.

Cur dexteris
Aptantur enses *conditi*? H.

L'*épithète* de circonstance confirme l'idée du verbe.

Turnus ut *infractos* adverso Marte Latinos
Defecisse videt. V.

At vulgus *infidum* et meretrix retrò
Perjura cedit. H.

2ᵉ SECTION.

DE L'EMPLOI DE PLUSIEURS ÉPITHÈTES.

Un substantif ne peut recevoir plusieurs *épithètes*, à moins qu'elles ne soient jointes par une conjonction. Cette règle a été établie même par les critiques latins, et Servius, commentateur de Virgile, a recueilli, pour les blâmer, les exemples où elle a été violée. En voici quelques-uns :

Lucent *genialibus altis*
Aurea fulcra toris.
Fulgebatque altâ *decurrens aureus* arce.

Nec littora longè
Fida reor *fraterna* Erycis.
Lenta quibus torno *facilis* superaddita vitis.
Altera candenti *perfecta nitens* elephanto.

Cependant il est un cas où l'on peut accumuler les *épithètes* sans conjonctions ; c'est lorsqu'on fait un tableau et qu'on énumère les qualités d'un objet. Alors chaque *épithète* est séparée par un repos :

> Monstrum *horrendum*, *informe*, *ingens*, cui lumen
> [ademptum. V.

Il faut encore reconnaître quelques circonstances où il est permis d'employer deux *épithètes*.

1° Quand l'une est tellement inhérente par le sens, au substantif, qu'elle semble s'identifier avec lui, elle est comme inaperçue, et une *épithète* d'ornement peut se joindre à elle :

> *Postera* vix summos spargebat lumine montes
> Orta dies. V.
>
> Quùm primùm *crastina* cœlo
> Puniceis invecta rotis Aurora rubebit. V.
>
> Corpusque exsangue sepulcro
> Reddidit *Hectoreum*. V.
>
> Cornea *bina* ferunt præfixo hastilia ferro. V.
>
> *Regia* conjux
> Parta tibi. V.
>
> Mensæ sederat pes *tertius* impar. O.
> Hæc melior magnis *data* victima divis. V.
> O felix una ante alias *Priameia* virgo ! V.

2° Si les deux *épithètes* ont un sens bien distinct, et qu'on ait soin de les séparer, on peut encore en faire usage :

> Amissos queritur fœtus, quos *durus* arator
> *Observans* nido implumes detraxit. V.
>
> *Victorque* Sinon incendia miscet
> *Insultans*. V.
>
> Scandit *fatalis* machina muros
> *Fœta* armis. V.
>
> Stupet *inscius* alto
> *Accipiens* sonitum saxi de vertice pastor. V.

Namque *volans* rubrâ *fulvus* Jovis ales in æthrâ,
Littoreas agitabat aves, quùm *lapsus* ad undas
Cycnum excellentem pedibus rapit *improbus* uncis. V.

3ᵉ SECTION.

DE LA PLACE DES ÉPITHÈTES.

L'*épithète* doit se placer avant le substantif et, autant que possible, en être séparée :

Tityre, tu *patulæ* recubans sub tegmine fagi,
Sylvestrem tenui musam meditaris avenâ :
Nos patriæ fines et *dulcia* linquimus arva. V.

1ʳᵉ *Remarque*. C'est surtout lorsque l'*épithète* aurait la même consonnance que le substantif qu'il faut les éloigner ; ainsi l'oreille n'aime pas :

Jejunus stomachus rarò vulgaria temnit. H.
Quis tamen *exiguos elegos* emiserit auctor. H.

Mais si cette désinence désagréable n'a pas lieu, il n'y a plus d'inconvénient à les rapprocher :

Immortale jecur tundens. V.
Pallentes violas et summa papavera carpens. V.

Nous pouvons encore remarquer, à l'occasion de cet exemple, que l'*épithète* et le substantif peuvent se suivre immédiatement quand ils sont tous deux terminés par un *a* :

Et juvenum curas, et *libera vina* referre. H.
Transadigit costas, et *pectora candida* rumpit. V.

2ᵉ *Remarque*. La règle de placer l'*épithète* avant le substantif peut souffrir quelques exceptions. Le langage poétique a surtout besoin d'harmonie, et quand cette condition est remplie, on peut oublier un instant le précepte général :

Ferret hyems calmumque *levem* stipulasque *volantes*. V.

D'autres fois le goût lui-même exige que l'on viole la règle, pour produire une beauté. Si une *épithète* est frappante par le sentiment qu'elle exprime ou le tableau qu'elle présente, rejetée après le substantif elle fixera mieux l'attention et produira plus d'effet. On connaît cet exemple souvent cité :

Navem in conspectu *nullam*. V.

Jetés par la tempête sur les côtes d'Afrique, les Troyens cherchent à découvrir sur les flots quelques traces de leurs compagnons. Ils n'aperçoivent rien. Qu'y a-t-il de terrible dans ce spectacle? C'est cette immensité déserte, ce néant qui semble planer sur le sein des mers. C'est aussi le mot exprimant cette idée qui doit faire impression. Que l'on mette :

Nullam in conspectu navem. V.

après les trois premiers mots, l'esprit a déjà saisi toute la pensée, et le mot *navem* devient en quelque sorte superflu.

Énée fait tous ses efforts pour ajouter à l'éclat de la pompe funèbre qui doit ramener à Évandre le corps de son fils Pallas ; le poète ajoute :

Solatia luctûs
Exigua ingentis. V.

et ces deux *épithètes* rejetées à la fin éveillent en nous le sentiment profond de la douleur paternelle.

Depuis sept ans les Troyens errent sur toutes les mers, et ils n'entrevoient pas encore cette Italie qui leur est promise :

>Dùm per mare *magnum*
>Italiam sequimur *fugientem*, et volvimur undis. V.

la place de ces épithètes ne rend-elle pas plus énergique l'expression du désespoir ?

>Succurritis urbi
>*Incensæ.* V.

dit Enée à ses compagnons qui prétendent sauver Troie; et cet adjectif, d'une effrayante énergie, a dû porter le découragement dans leur ame.

On frémit comme si l'on voyait la main gigantesque de Polyphème en lisant ce vers de Virgile :

>Vidi egomet duo de numero quùm corpora nostro
>Prensa manu *magnâ.*

CHAPITRE XII.

DES SOURCES DE DÉVELOPPEMENS.

La *périphrase* et l'*épithète* offrent déjà les moyens d'enrichir une matière; nous parcourrons successivement toutes les autres sources de développemens, et nous arriverons par degrés jusqu'aux plus fécondes.

1° RÉPÉTITION. Elle consiste à reproduire un mot sur lequel on veut attirer l'attention :

>Sequitur pulcherrimus Astur,
>*Astur* equo fidens. V.
>Vincis me miserum, *vincis* natura parentem. STAT.

2° EXPRESSION REDOUBLÉE. Non contente de mettre un

mot pour exprimer une idée, la poésie en emploie souvent deux qui ont le même sens ;

> Ex quo *relliquias* divinique *ossa* parentis
> Condidimus terrâ. V.

et quelques vers plus loin :

> Nunc ultrò ad *cineres* ipsius et *ossa* parentis
> Adsumus.
> Sed non idcircò *flammæ* atque *incendia* vires
> Indomitas posuére. V.
> Quùm vitam in sylvis inter deserta ferarum
> *Lustra domosque* traho. V.
> *Littora* tùm patriæ lacrymans *portusque* relinquo. V.

Si les deux substantifs ont chacun une épithète, le *redoublement* devient encore plus poétique ;

> Vivo tentat prævertere amore
> Jam pridem *resides animos desuetaque corda.* V.
> *Errantesque Deos agitataque numina* Trojæ. V.
> *Threïcia* fretus *citharâ, fidibusque canoris.* V.
> Ut *notæ* fulsére *aquilæ romanaque signa*,
> Diriguére metu. Luc.

Au lieu de mettre deux substantifs synonymes, souvent les poètes emploient d'abord une expression générale, puis une autre dont le sens est plus restreint, qui précise et éclaircit la première :

> Illa fugâ *sylvas saltus*que peragrat
> Dictæos. V.
> *Arentem* in *sylvam* et *virgulta sonantia lauro.* V.
> *Sanguine* placàstis ventos et *virgine cæsâ*,
> Quùm primùm Iliacas, Danai, venistis ad oras ;
> *Sanguine* quærendi reditus, *animâque* litandum
> Argolicâ. V.

3° **Apposition.** L'*apposition* est un substantif qui sert d'attribut à un autre substantif :

Effodiuntur opus, *irritamenta malorum.* O.
Nec tamen intereà raucæ, *tua cura*, palumbes,
Nec gemere aëriâ cessabit turtur ab ulmo. V.
Et geminas, *causam lacrymis*, sacraverat aras. V.
      Hùc confluxisse meorum
Invenio admirans numerum, matresque, virosque
Collectam exilio pubem, *miserabile vulgus.* V.

Quelquefois l'*apposition* sert d'attribut, non plus à un substantif, mais à toute une phrase :

      Vicina coëgi
Ut quamvis avido parerent arva colono,
Gratum opus agricolis. V.

4° **Incise.** L'*incise* n'est pas indispensable pour l'intelligence de la phrase ; mais elle la rend plus complète et plus satisfaisante, en y ajoutant une nouvelle idée :

Fatale aggressi sacrato avellere templo
Palladium, *cæsis summæ custodibus arcis.* V.
Jamque secuta manum, *nullo cogente*, sagitta
Excidit. V.
Egressi superant fossas, noctisque per umbram
Castra inimica petunt, *multis tamen antè futuri
Exitio.* V.
    (Agenor) natam perquirere Cadmo
Imperat, et pænam, si non invenerit, addit
Exilium, *facto pius et sceleratus eodem.* O.

L'*incise* est quelquefois une exclamation de surprise, d'indignation, de douleur, etc.

Invalidasque tibi tendens, *heu ! non tua*, palmas. V.
Ægyptum, viresque orientis, et ultima secum
Bactra vehit, sequiturque (*nefas !*) Ægyptia conjux. V.
Hujus apes summum densæ, *mirabile dictu !*
Obsedère apicem. V.

d'autres fois c'est une parenthèse sans mouvement :

Æneas (neque enim patrius consistere mentem
Passus amor), rapidum ad naves præmittit Achatem. V.
Ecce autem gemini à Tenedo tranquilla per alta,
(*Horresco referens*), immensis orbibus angues
Incumbunt pelago. V.
Impastus ceu plena leo per ovilia turbans
(*Suadet enim vesana fames*), manditque trahitque
Molle pecus. V.

5⁰ ABLATIFS POÉTIQUES. La poésie ne se contente pas de dire sèchement qu'une chose a lieu. Elle exprime les circonstances d'une action, la manière dont elle s'est faite, les sentimens qui l'ont inspirée, l'instrument dont on s'est servi, etc. Elle emploie des *ablatifs* pour rendre ces nouvelles idées. Exemple :

Agricola *incurvo* terram molitus *aratro*,
Exesa inveniet *scabrâ rubigine* pila,
Aut *gravibus rastris* galeas pulsabit inanes,
Grandiaque *effossis* mirabitur ossa *sepulcris*. V.

La recherche de ces *ablatifs* est très propre à exercer l'imagination des jeunes gens ; elle les force à se représenter une action ou à en pénétrer les motifs, pour trouver à l'aide de cette réflexion féconde un sentiment vrai ou une image pittoresque.

Ablatifs exprimant la matière dont une chose est faite, l'instrument avec lequel elle se fait :

Comprensamque tenet, *pedibusque* eviscerat *uncis*. V.
                           Tùm *dente tenaci*
Anchora fundabat naves. V.
Nunc pereat, Teucrisque *pio* det *sanguine* pœnas. V.
Cerberus hæc ingens *latratu* regna *trifauci*
Personat. V.

Quùm duo *conversis* inimica in prælia tauri
Frontibus incurrunt. V.
      Labat *ariete crebro*
Janua. V.
    Versantque *tenaci forcipe* ferrum. V.
        Robore secto
Ingentem struxére *pyram*. V.

Ablatifs exprimant la manière :

Sic fatus, *validis* ingentem *viribus* hastam
Contorsit.
Si mihi non animo fixum immotumque sederet
Ne cui me vellem *vinclo* sociare *jugali*. V.
      Tactuque innoxia *molli*
Lambere flamma comas. V.
Ergò omnes circùm *magno clamore* fremebant. V.
      Positis inglorius *armis*
Exigat hic ævum. V.
Demisit lacrymas, *dulcique* affatus *amore* est.
     Magnâ juvenum *stipante catervâ*. V.
     Spernit humum *fugiente pennâ*. H.

Ablatifs exprimant les sentimens d'un personnage :

Prosequitur pavitans, et *ficto pectore* fatur. V.
Maximus Ilioneus *placido* sic *pectore* cœpit. V.
Et super hæc *inimico pectore* fatus. V.
     Perculsâ mente dederunt
Dardanidæ lacrymas. V.
Ille hæc *depositâ* tandem *formidine* fatur. V.

Ablatifs exprimant le temps :

Postera quùm *primâ* lustrabat *lampade* terras
Orta dies. V.
Conticuit tandem, *factoque* hic *fine* quievit. V.
Abnegat *eversâ* vitam producere *Trojâ*. V.
    Libertas *longo* post *tempore* venit.

Donec talis erit, *mutato corpore*, qualem
Videris. V.

Otia *sopitis* ageret quùm *cantibus* Orpheus. Claud.

Le lieu :

Quid struis? aut quâ spe *Libycis* teris otia *terris ?* V.
Præcipitemque Daren ardens agit *æquore toto.* V.
Sedibus ut saltem *placidis* in morte quiescam. V.
    Lætique *cavo* se *robore* promunt. V.
Ad terram fugit, et *portu* se condidit *alto*. V.
    Atque illi Misenum in *littore sicco*,
Ut venère, vident indignâ morte peremptum. V.

La cause :

Tendebantque manus *ripæ ulterioris amore.* V.
   Pars ingentem *formidine turpi*
Scandunt rursus equum.
Instar montis equum, *divinâ Palladis arte,*
Ædificant. V.
      Ereptæ virgines irâ
Undique collecti invadunt. V.

6° Idée développée. On développe une idée, soit en n'employant qu'un membre de phrase, mais beaucoup plus étendu que ne l'offre la matière, soit en la reproduisant sous plusieurs formes, dans plusieurs membres de phrase. La première sorte de développement n'est qu'une longue *périphrase :*

Jamque rubescebat stellis Aurora fugatis. V.
Pour *manè*.

Atque indignatum magnis stridoribus æquor. V.
Pour *mare agitatum*.

La seconde espèce de développement qui consiste à reproduire une idée sous plusieurs formes, est d'un usage perpétuel en poésie.

Sæpè fugam Danai Trojâ cupiere relictâ
Moliri, *et longo fessi discedere bello.* V.

> Ut primùm cessit furor, *et rabida ora quiêrunt*. V.
> Postera jamque dies primo surgebat Eoo,
> *Humentemque Aurora polo dimoverat umbram*. V.
> Discessu mugire boves, *atque omne querelis
> Impleri nemus, et colles clamore relinqui*. V.

Il faut autant que possible que la seconde expression enchérisse sur la première. Les poëtes débutent souvent par une expression vague qu'ils éclaircissent par une seconde plus précise :

> Hæc adeo ex illo mihi jam speranda fuerunt
> Tempore, quo ferro cælestia corpora demens
> Adpetii, et *Veneris* violari vulnere corpus. V.
> Pars stupet innuptæ donum exitiale Minervæ,
> Et molem mirantur *equi*. V.
> Nec me adeo fallit veritam te mœnia nostra
> Suspectas habuisse domos *Carthaginis* altæ. V.

On peut développer une idée en montrant dans un second membre de phrase le résultat du premier.

> Ut primùm discussæ umbræ, *et lux reddita menti*. V.
> Si duo prætereà tales Idæa tulisset
> Terra viros, ultrò Inachias venisset ad urbes
> Dardanus, *et versis lugeret Græcia fatis*. V.
> Prætereà regina, tui fidissima, dextrâ
> Occidit ipsa suâ, *lucemque exterrita fugit*. Stat.

Quelquefois c'est une idée contraire que l'on ajoute :

> Collectasque fugat nubes, *solemque reducit*. V.
>   Ipse omnem longo decedere circo
> Infusum populum, *et campos* jubet *esse patentes*. V.

7° Amplification. Nous arrivons à des développemens plus étendus. Il ne s'agit plus seulement ici de reproduire deux fois une même idée ; l'*amplification* y insiste avec complaisance.

Virgile représente Alecto donnant le signal des combats :

> At sæva è speculis tempus Dea nacta nocendi
> Ardua tecta petit stabuli, et de culmine summo
> Pastorale canit signum, cornuque recurvo
> Tartaream intendit vocem, quâ protinùs omne
> Contremuit nemus, et sylvæ intonuère profundæ.
> Audiit et Triviæ longè lacus ; audiit amnis
> Sulfureâ Nar albus aquâ, fontesque Velini,
> Et trepidæ matres pressère ad pectora natos.

Tityus, déchiré par un vautour :

> Nec non et Tytion, terræ omniparentis alumnum
> Cernere erat ; per tota novem cui jugera corpus
> Porrigitur ; rostroque immanis vultur obunco
> Immortale jecur tundens, fæcundaque pœnis
> Viscera, rimaturque epulis, habitatque sub alto
> Pectore ; nec fibris requies datur ulla renatis.

8° Énumération des parties. Elle consiste à passer en revue les différentes parties du tout ou les espèces comprises dans le genre. Virgile montrant Enée en présence de la nouvelle Troie, élevée sur le rivage de l'Épire, en offre un exemple.

> Procedo, et parvam Trojam, simulataque magnis
> Pergama, et arentem Xanthi cognomine rivum
> Agnosco, Scææque amplector limina portæ.

Stace, déplorant la perte du jeune Glaucias, a dit :

> O ubi purpureo suffusus sanguine candor,
> Sidereique orbes, radiataque lumina cælo,
> Et castigatæ collecta modestia frontis ;
> Ingenuique super crines, mollisque decoræ
> Margo comæ ? Blandis ubinam ora arguta querelis,
> Osculaque impliciti vernos redolentia flores,

> Et mixtæ risu lacrymæ, penitùsque loquentis
> Hyblæis vox mixta favis; cui sibila serpens
> Poneret, et sævæ vellent servire novercæ.

9° Accumulation. Cette sorte de développement se rapproche beaucoup du précédent. Au lieu d'analyser les parties d'un tout, on rassemble ici beaucoup de traits épars qui ont du rapport avec l'idée principale. Ovide veut développer cette idée : *On redoute un danger auquel on a échappé.* Il se sert de l'*accumulation.*

> Da veniam fesso, nimioque ignosce timori;
>   Tranquillas etiam naufragus horret aquas :
> Qui simul est læsus fallaci piscis ab hamo,
>   Omnibus una cibis æra subesse putat;
> Terretur minimo pennæ stridore Columba,
>   Unguibus, accipiter, saucia facta tuis :
> Non procul à stabulis audet discedere, si qua
>   Excussa est avidis dentibus agna lupi :
> Vitaret cœlum Phaëton si viveret, et quos
>   Optavit stultè tangere nollet equos :
> Sæpè canem visum longè fugit agna, lupumque
>   Credit, et ipsa suam nescia vitat opem.

CHAPITRE XIII.

DES LICENCES POÉTIQUES.

Quelques priviléges accordés à la poésie rendent un peu moins gênantes les entraves de la versification. Nous distinguerons deux espèces de *licences*; celles qui ont rapport à la syntaxe, celles qui sont relatives à la quantité.

LICENCES DE LA PREMIÈRE ESPÈCE.

CONSTRUCTION. Rien n'est plus fréquent en poésie que de modifier un peu en certains cas la construction exigée par la prose. Ainsi les conjonctions *et*, *ac*, *atque*, *aut*, *vel*, *sed*, etc., pourront n'être que les seconds mots de la phrase :

Piscium *et* summâ .... hæsit ulmo. H.
Nec tempore eodem
Tristibus *aut* extis fibræ apparere minaces,
Aut puteis manare cruor cessavit. V.
Ferret iter, celeres *nec* tingeret æquore plantas. V.
Mensæ *sed* erat pes tertius impar. O.

Les conjonctions *que* et *ve* peuvent avoir deux mots avant elles, si le premier est une préposition.

Sub pedibus*que* Deæ, clypei*que* sub orbe teguntur. V.
Perque tuos oculos per genium*que* rogo. O.

Si le second mot de la phrase est un monosyllabe, *que* peut encore se mettre le troisième mot.

Postera jam*que* dies primo surgebat Eoo. V.
Flammæque furentes
Culmina per*que* hominum volvuntur, per*que* Deorum. V.

On trouve quelquefois, surtout dans les poètes élégiaques, les mots *que* ou *ve* rejetés trop loin :

Prima Ceres docuit turgescere semen in Agris,
Falce coloratas subsecuit*que* comas. O.
Nondùm cæruleas pinus contempserat undas,
Effusum ventis præbuerat*que* sinum. Tib.

Il faut adresser ce reproche à Horace lorsqu'il dit :

Flebili sponsæ juvenem*ve* raptum
Plorat.

Il y a aussi de l'incorrection dans les vers suivans :

> Audire magnos *et* videor duces. H.
> Uretur facies, urentur sole capilli,
> Deteret invalidos *et* via longa pedes. Tib.

De pareilles constructions ne se trouvent pas dans Virgile.

2° Les prépositions se mettent bien entre leur régime et son épithète, ou entre l'épithète et le régime.

> Ipsa pyram *super* ingentem stans saucia Dido. V.
> Littus *ad* Ausonium per tot vada cærula vexit. V.
> Ossaque nomen
> Hesperiâ *in* magnâ, si qua est ea gloria, signat. V.
> Vadimus haud dubiam *in* mortem. V.

Les prépositions *per, sine, inter* peuvent se mettre après leur régime :

> Quæque aliæ gentes, ubi frigore constitit Ister,
> Dura meant celeri terga *per* amnis equo. O.
> Queis *sine* nec potuêre seri, nec surgere messes. V.
> Spemque metumque *inter* dubii. V.

3° Les conjonctions *quàm, dùm, donec, quòd, ut, ubi, ne* et quelques autres, les adverbes de lieu, quelques interjections, les adjectifs conjonctifs *qui, quis, quantus, qualis*, etc., se placent dans les vers avec plus de liberté que dans la prose :

> Priami *dùm* fata manebant. V.
> Electram maximus Atlas
> Edidit, æthereos dorso *qui* sustinet axes. V.
> Punica se *quantis* attollet gloria rebus! V.
> Impastus stabula alta leo *ceu* sæpè peragrans. V.
> Fecissentque *utinam!* V.
> Pieriâ caneret *quùm* fera bella tubâ. Mart.
> Effectus impediret *ne* segnis mora. Præd.
> Memora, quod unum cœlicolæ volunt,
> Contaminârit rege *quis* cæso manus. Sen.

5° **Tmèse.** Certains mots composés peuvent se décomposer en poésie et être séparés par un ou plusieurs autres mots. On fait alors une *tmèse*. (τέμνω, je coupe.)

Quò me *cumque* rapit tempestas, deferor hospes. H.
Quamque *libet* longis cursibus aptus equus. O.
Jamque adeò *super* unus *eram*. V.
Hac Trojana *tenùs* fuerit fortuna secuta. V.
Multo nebulæ *circùm* Dea *fudit* amictu. V.
At *priùs* ignotum ferro *quàm* scindimus æquor. V.

Cette licence a besoin d'être légitimée par l'exemple d'un bon auteur. Beaucoup de *tmèses*, employées par Lucrèce, étaient déjà tombées en désuétude dans le siècle d'Auguste.

Exanimatque indignos *inque merentes*.
au lieu d'*immerentes*.

Languidior porrò disjectis *disque sipatis*.
au lieu de *dissipatis*.

Du temps d'Ennius on divisait même des mots qui n'étaient pas composés, et l'on pouvait dire :

Saxo *cere* commenuit *brum*.
au lieu de *cerebrum*.

Deficiente *pecu* deficit omne *nid*.
au lieu de *pecuniá*.

La poésie perdit ce singulier privilége.

6° **Ellipse.** L'*Ellipse* se présente plus fréquemment dans les vers que dans la prose. Celle du verbe *esse* est très ordinaire à la troisième personne. On la trouve aussi aux deux autres :

Protinùs ad sedes Priami clamore vocati. V.
sous-entendez *sumus*.

Nam mihi quærenti convivam dictus heri illuc
De medio potare die. H.
sous-entendez *es*.

LICENCES POÉTIQUES. 61

Les poètes suppriment souvent certaines prépositions que la grammaire exigerait.

Nulli certa domus, lucis habitamus opacis. V.

sous-entendez *in*.

Devenêre locos lætos, et amæna vireta. V.

sous-entendez *in*.

Iri, decus cœli, quis te mihi nubibus actam
Detulit in terras? V.

sous-entendez *de*.

Gemitu quùm talia reddit. V.

sous-entendez *cum*.

Quas vento accesserit oras. V.

sous-entendez *ad*.

Il y a d'autres *ellipses* plus hardies qu'il faut entendre, mais qu'on ne peut guère imiter. Horace dit : *Ventum erat ad Vestæ;* il faut sous-entendre *templum*. Nous voyons dans Virgile : *Deiphobe glauci*, sous-entendez *filia*. Il met encore :

Dii meliora piis, erroremque hostibus illum!

sous-entendez *tribuant* ou *tribuite*.

Undè tibi frontem libertatemque parentis? Juv.

sous-entendez *sumis*.

Quid te, flave Cydon? quid te per colla refusis
Intactum, Crenæe, comis? Stat.

sous-entendez *dicam*.

7° Syncope. La *syncope* est encore une ressource de la poésie.

Syncopes dans les noms. Quelques noms de la seconde déclinaison, terminés en *ius* ou *ium*, peuvent faire au génitif *i* au lieu de *ii* :

Illo Virgilium me tempore dulcis alebat
Parthenope, studiis florentem ignobilis *oti*. V.
Pauperis et tuguri congestum cespite culmen. V.

Virtus Scipiadæ, et mitis sapientia *Lœli*. H.
Ne forte *negoti*
Incutiat tibi quid sanctarum inscitia legum. H.

On change quelquefois en *ûm* les génitifs pluriels terminés en *orum*, *ium*.

Cara *Deûm* soboles. V.
Obvia multa *virûm* demittit corpora morti. Stat.
Oblitus decorisque sui, *sociûm*que salutis. V.
Oriturque miserrima cædes
Defendentûm armis aditus, inque arma *ruentûm*. V.
Ultima *cælestûm* terras Astræa reliquit. O.

Il faut ici consulter l'usage et n'employer que les génitifs qu'il a consacrés. Stace a mis quelque part *unus avûm sanguis* pour *avorum*, et peut-être déjà cette *syncope* est-elle hasardée.

On peut retrancher le premier *u* dans certains substantifs terminés en *ulum* :

Sævis, hospes Trojane, *periclis*
Servati facimus. V.
Cumque *gubernaclo* liquidas projecit in undas. V.

Il faut encore ici s'en tenir aux exemples connus. De ce qu'on dit *periclum*, on ne serait nullement autorisé à dire *miraclum* ou *spectaclum*.

Syncopes dans les verbes. Nous ne dirons rien des *syncopes* employées par la prose, comme *amârat*, *amârit*, *amâsset*, etc., sinon qu'elles sont d'un grand secours dans la versification. Il en est d'autres qui sont particulières à la poésie.

On termine quelquefois en *bam* au lieu de *ebam* les imparfaits de la quatrième conjugaison. Cette suppression d'une lettre se nomme *aphérèse* (ἀφαιρέω, je retranche) :

Lenibant curas, et corda oblita laborum. V.

LICENCES POÉTIQUES. 63

Certatim squammis serpentùm auroque *polibant*. V.
    Mons *parturibat*, gemitus immanes ciens. Phæd.

On trouve dans Lucrèce *postus* pour *positus*. Le simple n'est guère usité ; mais les composés *repostus*, *compostus*, etc. sont fréquens :

                    Manet altâ mente *repostum*
Judicium Paridis. V.
          Nunc placidâ *compostus* pace quiescit. V.
Obvia ventorum furiis, *expostaque* vento. V.

Il y a une infinité d'autres *syncopes*, pour lesquelles il est impossible d'établir des règles. Nous nous contenterons d'en rassembler plusieurs :

Dardana qui Paridis *direxti* tela manusque
Corpus in Æacidæ. V.

pour *direxisti*.

*Impléssem*que foros flammis ; natumque, patremque
Cum genere *extinxem* ; memet super ipsa dedissem. V.

pour *implevissem*, *extinxissem*.

Cingite fronde comas, et pocula *porgite* dextris. V.

pour *porrigite*.

Non mediâ de gente Phrygum exedisse nefandis
Urbem odiis satis est, nec pœnam *traxe* per omnem
Relliquias. V.

pour *traxisse*.

Quin ubi se à vulgo et scenâ in secreta *remórant*. H.

pour *removerant*.

                  Dispeream, ni
Submósses omnes. H.

pour *submovisses*.

                    Dives
Antiquo censu, natis *divîsse* duobus
Fertur. H.

pour *divisisse*.

Unum me *surpite* morti. H.
pour *subripite*.

Addixti servum nummis heré mille ducentis. Ma rt.
pour *addixisti*.

Namque ubi longa meæ *consumpsti* tempora noctis. Prop.
pour *consumpsisti*.

8° Hypallage. Nous avons vu qu'en poésie on change souvent l'adverbe en adjectif :

*Nocturnis*que Hecate triviis bacchata per urbes. V.
pour *noctu*.

At tu vix *primas* extollens gurgite palmas. Prop.
pour *primùm*.

Cette licence se nomme *hypallage* (ὑπαλλαγὴ, changement).

L'*Hypallage* applique à une chose une épithète qui ne convient qu'à une personne.

Heu ! fuge *crudeles* terras, fuge littus *avarum*.
c'est-à-dire *la Thrace où regne un roi cruel et avare*.

Cléopâtre dans son délire rêvait la chute du Capitole.

Dum Capitolio
Regina *dementes* ruinas,
Funus et imperio parabat. H.

pour *demens*.

Le même poète dit en s'adressant à Pâris.

Tamen heu ! serus *adulteros*
Crines pulvere collines.

pour *adulter*.

Enée brûle de plonger son épée dans le sein d'Hélène

Subit ira cadentem
Ulcisci patriam, et *sceleratas* sumere poenas. V.
pour *à sceleratá*.

L'*Hypallage* fait accorder l'adjectif avec un substan-

qui ne semble pas lui convenir. Horace dit en parlant de Mécène :

Tyrrhena regum progenies.

Il faudrait régulièrement *regum Tyrrhenorum*.

Ibant *obscuri soli* sub nocte per umbram. V.

pour *obscurâ soli*.

Ignis Alexandri *Phrygio* sub pectore gliscens. Luca.

pour *Phrygii*.

Hæc ait, et socii cessârunt æquore *jusso*. V.

pour *jussi*.

Post Cilicasne vagos, et lassi *Pontica* regis
Prælia. Luc.

pour *Pontici*.

Cette figure hardie est d'un grand usage chez les poètes. Elle donne au langage une forme nouvelle que la prose ne saurait emprunter, et l'on peut remarquer que le style poétique perd toute sa noblesse et toute sa grace par les substitutions que nous avons faites pour éclaircir l'*hypallage* Il faut avouer aussi qu'elle renverse quelquefois la construction d'une manière fort étrange. Par exemple elle met le régime direct au cas où devrait être le régime indirect et réciproquement. Ces bizarreries doivent être constatées et comprises ; mais nous ne savons pas assez leur portée et leur limite pour pouvoir les imiter. Virgile dit qu'Énée affecte un air serein :

Consilium vultu tegit, et *spem fronte* serenat.

pour *spe frontem*.

Herculeis sopitas ignibus aras
Excitat. V.

pour *Sopitos ignes* in *Herculeis aris*.

Quis cladem illius noctis, quis funera fando
Explicet, aut possit *lacrymis* æquare *dolores?* V

pour *lacrymas doloribus*.

Non tamen Anna *novis* prætexere *funera sacris*
Germanam credit, nec tantos mente furores
Concipit. V.

pour *nova sacra funeribus*.

Horace dit de Pollion :

Cui *laurus æternos honores*.
Dalmatico peperit *triumpho*.

pour *cui æternos lauri honores Dalmaticus triumphus peperit*.

9° SYLLEPSE. Quelquefois un adjectif se rapporte à l'idée exprimée par un substantif et non à ce substantif même. Cette licence se nomme *syllepse* (συν, λαμβάνω, comprehendo).

Horace nous montre Auguste voulant charger de chaînes la reine d'Égypte :

Daret ut catenis
Fatale monstrum. *Quæ* generosiùs
Perire quærens, etc.

Quæ ne se rapporte pas à *monstrum*, mais à Cléopâtre que ce mot fait entendre :

Rauca Parethonio decedunt agmina Nilo,
Quùm fera ponit hyems. *Illæ*, clangore fugaci,
Umbra fretis arvisque volant. STAT.

Illæ ne s'accorde avec aucun mot de la phrase précédente, mais avec *Grues*, sous-entendu, et désigné par *agmina rauca*, *Nilo*.

10° TOURNURE NON SUIVIE. On trouve des passages dans lesquels un verbe gouverne d'abord un substantif, puis un autre verbe :

Discite *justitiam* moniti, et non *temnere* divos. V.
Dii, Jovis in tectis, *iram* miserantur inanem
Amborum, et tantos mortalibus *esse* labores. V.
Non illa *colo calathisve* Minervæ
Fœmineas assueta manus ; sed prælia virgo
Dura *pati*, cursuque pedum *prævertere* ventos. V.

LICENCES POÉTIQUES.   67

Viresque peractas
Ingemit (leo), et campis alios *regnare* leones. Stat.

Les phrases suivantes offrent des irrégularités analogues :

Arcades ad portas *ruere*, et de more vetusto
Funereas *rapuére* faces. V.
Cernimus Idæâ claram se *condere* sylvâ,
*Signantem*que vias.[1] V.

Licences plus rares. Les *licences* dont il nous reste à parler ne sont guère susceptibles d'être imitées ; mais leur connaissance facilitera l'intelligence des poètes latins, et sous ce rapport elles méritent d'être étudiées.

1° On trouve au nominatif certaines propositions complétives que la syntaxe voudrait à l'accusatif. Cette locution est un hellénisme :

Sensit medios *delapsus* in hostes. V.

pour *se delapsum*.

Uxor invicti Jovis esse nescis. H.

pour *te uxorem*.

Vir bonus et patiens dignis ait esse *paratus*. H.

pour *se esse paratum*.

Phaselus ille quem videtis, hospites,
Ait fuisse navium *celerrimus*. Cat.

pour *se fuisse celerrimum*.

___

(1) De pareilles tournures se trouvent plusieurs fois dans Racine :
Achille seul, Achille à son amour s'applique !
Voudrait-il *insulter* à la crainte publique,
Et *que* le chef des Grecs, irritant les destins,
Préparât d'un hymen la pompe et les festins ? (Iphig. acte 1, sc. 2).

Il veut avec leur sœur *ensevelir* leur nom ;
Et *que*, jusqu'au tombeau soumise à sa tutelle,
Jamais les feux d'hymenée *s'allument* pour elle. (Phèd. acte 1, sc. 1).

2° Les poètes emploient dans un sens réfléchi certains verbes qui sont actifs dans la prose :

Æneas : quò deindè *ruis*? quò *proripis?* inquit. V.
Et lateri *agglomerant* nostro. V.
Accingunt omnes operi. V.
Dixit, et *avertens* roseâ cervice refulsit. V.
　　　　　　• Pedibusque *volutans*. V.

Il faut expliquer tous ces verbes comme s'ils étaient accompagnés de *se*.

3° Ils mettent quelquefois le présent au lieu du passé :

Hei mihi qualis erat! quantùm mutatus ab illo
Hectore, qui *redit* exuvias indutus Achillis. V.
Cratera antiquum, quem *dat* Sidonia Dido. V.
At Maïam, auditis si quidquam credimus, Atlas,
Idem Atlas *generat*, cœli qui sidera tollit. V.
　　　　　　Aëriam cœlo nam Jupiter Irim
Demisit germanæ haud mollia jussa ferentem,
Ni Turnus *cedat* Teucrorum mœnibus altis. V.
　　　　　　　　Tùm ne qua futuri
Spes saltem trepidas mentes *levet*, addita fati
Pejoris manifesta fides. Luc.

4° Le présent au lieu du futur :

Abnegat excisâ vitam *producere* Trojâ. V.
pour *se producturum*.
　　　　　　　　Nec credere quivi
Hunc tantum tibi me discessu *ferre* dolorem. V.
Nulla viri speret sermones *esse* fideles. Cat.
　　　　　　　Jam flammis *urere* gentem
Jurabat Phrygiam. Sil. It.

5° On trouve des verbes qui devraient être au même temps, employés à des temps différens :

Quanquàm animus meminisse *horret*, luctuque *refugit*. V.

LICENCES POÉTIQUES. 69

> Libra die somnique pares ubi *fecerit* horas,
> Et medium luci atque umbris jam *dividit* orbem. V.
>
> Maiâ genitum demittit ab alto,
> Ut terræ atque novæ *pateant* Carthaginis arces
> Hospitio Teucris, neu fati nescia Dido
> Finibus *arceret.* V.
>
> (Vulcanus) lapsa ancilia cœlo
> *Extuderat :* castæ *ducebant* sacra per urbem
> Pilentis matres in mollibus. Hinc procùl *addit*
> Tartareas etiam sedes. V.
>
> Inter quas Helene nudis *capere* arma papillis
> Fertur, nec fratres *erubuisse* Deos. Prop.

6. Quelquefois les poètes expriment par deux verbes, au même temps, et réunis par *et* ou *que* une idée qui ne demanderait qu'un substantif accompagné d'une épithète, ou suivi d'un autre substantif au génitif. Cette *licence* se nomme *endiaduoin.* (ἓν διὰ δυοῖν, *unum duobus.*)

> Nec minùs intereà sociis ad littora mittit
> Viginti tauros, magnorum horrentia centum
> Terga suum, pingues centum cum matribus agnos,
> *Munera lætitiamque* Dei. V.

pour *munera lætifica.*

> Da nunc, Tibri pater, ferro quod missile libro
> *Fortunam atque viam* duri per pectora Halesi. V.

pour *felicem viam.*

> Sensit enim nimiâ *cæde atque cupidine* ferri. V.

pour *cædis cupidine.*

> At procul excelso miratus vertice montis
> *Adventum sociasque rates.* V.

pour *adventum sociarum navium.*

> Irrvimus ferro, et Divos ipsumque vocamus
> In *partem prædamque* Jovem. V.

pour *partem prædæ.*

> Cras nato Cæsare festus
> Dat *veniam somnumque* dies. H.

pour *veniam somni*[1].

7° D'autres fois l'ordre de deux idées sera interverti. Le nom d'*hystérologie* a été donné à cette figure (ὕστερον, λέγω, *præposterè dicere*). Virgile dit de Minos :

> Castigatque auditque dolos.

castigat présuppose *audit*.

> Moriamur, et in media arma ruamus. V.

Moriamur n'est que le résultat de leur action.

> Tùm vita per auras
> Concessit mæsta ad Manes, corpusque reliquit. V.

Il faut que l'ame ait quitté le corps, avant de se rendre au séjour des ombres.

> Dardaniumque ducem...
> Alloquere, et celeres defer mea dicta per auras. V.

Mercure ne peut adresser la parole à Enée qu'après avoir traversé les airs.

8° On trouve certaines phrases où le substantif a pris le cas de l'adjectif conjonctif par attraction :

> Sed quibus ipse *malis* careas quia cernere suave est. Luca.

c'est-à-dire : suave est cernere *mala* quibus careas.

> *Urbem* quam statuo, vestra est. V.

pour *urbs*.

> Qui fit Mecænas, ut nemo quam sibi *sortem*
> Seu ratio dederit seu fors objecerit, illâ
> Contentus vivat. H.

pour contentus *sorte* quam, etc.

> Ut populo placerent quas fecisset *fabulas*. Tza.

pour *fabulæ*.

Virgile a dit :

> Postquàm arma *Dei* ad *Vulcania* ventum est.

où l'on voit que le mot *Dei* attribut, et par conséquent

---

(1) C'est ainsi que Boileau a dit :
J'aime mieux Arioste et ses fables comiques...

espèce d'adjectif, se rapporte à *Vulcani* compris dans le mot *Vulcania*.

On trouve un exemple pareil dans Sénèque le tragique :

> Quis *meas miseræ* Deus,
> Aut quis juvare Dædalus flammas queat.

pour *mei miseræ*.

10° Quand on dit *liber Petri*, c'est Pierre qui possède, c'est le livre qui est possédé, et le génitif, comme il arrive presque toujours, est pris dans un sens passif. Les poètes lui donnent quelquefois un sens actif :

> Multa gemens ignominiam, plagasque *superbi Victoris*. V.

c'est-à dire, les blessures *que lui a faites* son fier vainqueur.

> Oriturque miserrima cædes
> Armorum facie, et *Graiorum* errore *jubarum*. V.

l'erreur produite par les aigrettes *que les Troyens avaient dérobées* aux Grecs :

> Nec minor *Euryali* cædes. V.

le carnage *fait par* Euryale.

On voit dans Phèdre :

> Ut *venatorum* fugeret instantem necem.

ce qui ne veut pas dire que le cerf fuit la mort *des chasseurs*, mais bien la mort *dont le menaçaient les chasseurs*.

11° Contre l'usage encore on donne quelquefois au gérondif un sens passif :

> Annulus in digito subterternatur *habendo*. Lucr.

tandis qu'il *est porté*.

Virgile a emprunté ce verbe à son devancier :

> Sed picis in morem ad digitos lentescit *habendo*.

Frigidus in pratis *cantando* rumpitur anguis. V.
au moyen *des enchantemens*.

       Namque antè *domandum*,
 Ingentes tollunt animos (*Equi*). V.
Antequàm *domentur*.

CHAPITRE XIV.
LICENCES DE LA SECONDE ESPÈCE.

Elles altèrent les règles de la versification.

On trouve certains vers qui ont une syllabe de trop. Cette syllabe est susceptible d'être élidée, et le vers suivant commence par une voyelle, pour que l'élision puisse avoir lieu. Ces vers se nomment *hypermètres*.

 Sternitur infelix alieno vulnere, cælum*que*
Aspicit, et dulces moriens reminiscitur Argos. V.
 Et magnos membrorum artus, magna ossa, lacertos*que*
Exuit. V.
      Ne solus rus*ve* peregr*ève*
Exire. H.

L'emploi de cette *licence* est justifié par un assez grand nombre d'exemples. Il faut seulement remarquer que la syllabe élidée est toujours *que* ou *ve*, et qu'il n'existe point de repos entre les deux vers. Virgile a manqué une fois à ces règles.

 Aut dulcis musti Vulcano decoquit humor*em*.
 Aut foliis undam tepidi despumat aheni [1].

---

(1) Sans l'élision le premier vers aurait une syllabe de trop. Voici un exemple d'Horace où, sans élision, le second vers serait dans le même cas :

     Vague et sinistrâ
Labitur ripâ, Jove non probante,
  Uxorius amnis.

Le dernier vers doit être composé d'une dactyle et d'un spondée. Il faut donc introduire la voyelle *u* dans le vers précédent. Cette licence, extrêmement rare, ne doit pas être imitée.

2° Les poètes ajoutent quelquefois *er* à l'infinitif passif ; cette forme avait déjà vieilli au siècle d'Auguste, et l'usage en est peu fréquent.

Atqui nec Divis homines componi*er* æquum est. Cat.
Ille inter cædes Rutulorum elapsus, in agros
Confugere, et Turni defendi*er* hospitis armis. V.

3° Ils allongent certaines syllabes par le redoublement d'une lettre. Ainsi au lieu de *religio*, *retulit*, *reliquias*, etc., ils disent :

Antiquâ populum sub *relligione* tueri. V.
      Hæc certamina primus
Ascanius, longam muris quùm cingeret Albam,
Rettulit. V.
Relliquias Trojæ atque immitis Achillei. V.

On dit encore *reppulit*, *quattuor*, et quelques autres que l'usage apprendra. Mais il ne faut pas faire de cette *licence* une règle générale, et l'on doit s'en tenir aux exemples fournis par les poètes. On dit *relligio*, et pourtant ce serait une faute de dire *relligat*.

4° Ils allongent une syllabe brève qui finit un mot, quand le mot suivant commence par deux consonnes :

Ferte citi flammas, date *tela*, scandite muros. V.
Venisti tandem, tua*que* spectata parenti
Vicit iter durum pietas. V.
Nulla fugæ ratio, *nulla* spes, omnia muta. Cat.
  Pro *segete* spicas, pro grege ferre dapem. Tib.

Les exemples de cette licence sont rares, et il est mieux de ne pas les suivre ; mais il est essentiel d'établir la règle suivante : une brève ne peut jamais être suivie d'un mot qui commence par deux consonnes, à moins que la seconde ne soit une liquide. Ainsi l'on dit très bien :

      Altaque jactat
Vulneris impatiens, arrecto pect*ore*, crura. V.

Hinc tympana plaustris
Agricolæ, et pandas ratibus posuére carinas [1]. V.

5° Lorsque dans une énumération il se trouve plusieurs *que*, on peut allonger le premier. Les poètes semblent affectionner cette quantité :

Euri*que*, zephyrique tonat domus. V.
Æstus*que*, pluviasque, et agentes frigora ventos. V.
Terras*que*, tractusque maris, cœlumque profundum. V.

Et qu'on ne croie pas que c'est le voisinage d'une lettre double ou de deux consonnes qui légitime cette licence :

Sidera*que*, ventique nocent, avidæque volucres. O.
Flumina*que*, montesque, et in altas proflua sylvas. O.

6° La licence par laquelle on abrège *e* à la troisième personne du pluriel du parfait est autorisée par de nombreux exemples :

Matri longa decem *tulerunt* fastidia menses. V.
Miscue*runt*que herbas et non innoxia verba. V.
Molle atque facetum
Virgilio *annuerunt* gaudentes rure Camœnæ. H.
Colla quoque infidis quia se nectenda lacertis
Præbu*erunt*, laqueis implicuisse libet. O.
Nec cithara, intonsæ *profuerunt*ve comæ. Tib.

7° Il ne serait pas exact de dire qu'on abrège quelquefois l'*e* de l'infinitif à la seconde conjugaison. Cette licence n'a lieu que pour *fervere* et ses composés.

Omnia tunc pariter vento nimbisque videbis
Fervere. V.
Quoties Cyclopum *effervere* in agros
Vidimus undantem ruptis fornacibus Ætnam ? [2] V.

___

(1) Voyez la note à la fin du volume.
(2) Quelquefois on explique cette brève, en supposant un verbe inusité *fervere*, *fervo*, de la troisième conjugaison. Je ne vois pas

8° Le génitif en *æ* à la première déclinaison se remplace, mais rarement, par une ancienne forme de génitif terminée en *aï :*

Aulaï in medio libabant pocula Bacchi. V.
Dives opum, dives pictaï vestis et auri. V.
        Furit intùs aquaï
Fumidus atque altè spumis exuberat amnis. V.

9° Il est permis de retrancher l'*e* de *ne* interrogatif, et même d'altérer la désinence du mot précédent, quand on a des exemples consacrés.

Mortalin' decuit violari vulnere Divum? V.
  Ton' sanus? populum si cædere saxis
Incípias. H.
    Pyrrhin' connubia servas? V.
Nostin' an exciderint mecum loca. O.
  Viden' ut geminæ stant vertice cristæ? V.
    Vin' tu gaudere relictis? Pers.
pour *mortaline, tune, Pyrrhine, videsne, visne.*

10° Les poètes réunissent quelquefois deux syllabes en une : cette réunion se nomme *synérèse* ou *crase* (συναίρω, κεράννυμι, complector, misceo). On voit à chaque instant les mots *Dii, dein, cui, suave, suetus, deerit,* etc. Nous nous arrêterons à quelques exemples moins fréquens.

Ferreique Eumenidum thalami. V.
Ilionei monitu, et multùm lacrymantia Iuli. V.
  Incœptoque et sedibus hæret in iisdem. V.
  Dependent lychni laquearibus aureis. V.

---

qu'il soit nécessaire de faire un barbarisme pour se rendre raison de cette irrégularité. Autant vaudrait dire qu'il existait un verbe *cavo, cavis,* parce qu'on trouve dans Tibulle :

  Hæc mihi quæ *caverem* Titio Deus edidit ore.

CHAPITRE XIV.

 Unâ eâdemque viâ sanguisque animusque sequuntur. V.
 Nec tantùm Rhodope miratur et Ismarus Orphea. V.

LICENCES PLUS RARES. Nous finirons par indiquer quelques *licences* que les jeunes gens doivent entièrement s'interdire, mais qu'il est bon de connaître pour ne pas être arrêté dans la lecture des poètes.

1° On trouve quelques syllabes brèves allongées par la césure :

 Luctus ubique, pavor, et plurima mortis imago. V.
 Olli serva datur, operum haud ignara Minervae. V.
 Qui non defendit, alio culpante ; solutos
 Qui captat risus hominum. H.
 Te canit agricola, magnâ quùm venerit urbe. TIB.

2° Quelquefois l'élision se trouve omise :

 Ætas Lucinam justosque pati hymenæos. V.
 Lamentis gemituque et fœmineo ululatu. V.
 Quid struit ? aut quâ spe inimicâ in gente moratur? V.

3° D'autres fois, au lieu d'élider une syllabe longue suivie d'une voyelle, on l'abrège. Les exemples en sont très fréquens dans la poésie grecque, mais très rares dans la poésie latine.

 Credimus ? an qui amant ipsi sibi somnia fingunt. V.
 Insulæ Ionio in magno, quas dira Celeno
 Harpyæque colunt aliæ. V.
 Si me amas, inquit, paulùm hìc ades. H.
 Nomen et arma locum servant. Te, amice, nequivi
 Conspicere. V.

On peut expliquer cette bizarrerie en disant qu'une longue équivaut à deux brèves, et qu'ici l'une étant élidée, l'autre reste encore.

LICENCES POÉTIQUES. 77

De même au lieu d'élider la syllabe *um*, on la fait quelquefois brève.

Cocto *nùm* adest honor idem? H.
More lupi clausas *circumeuntis* oves. O.

4° On trouve dans quelques mots l'*u* employé pour un *v*, le *j* pour un *i*. Ce changement est reçu dans les mots *genua*, *ariete*, *abiete*, et d'autres que l'usage apprendra; mais il ne faut pas imiter les exemples suivans :

Fluviorum rex Eridanus. V.
      Quin protinùs *omnia*
Perlegerent oculis. V.
Sperne coli *tenuiore* lyrâ. STAT.

scandez *tenujore*, etc.

Mais on peut dire :

      Lanæ per cœlum *tenuia* ferri
Vellera. V.

tenvia de même que *genua* (*genva*).

Il ne faut pas imiter non plus ces *v* changés en *u*, ou *diérèses* (διαίρω, disjungo) :

Ne temerè in mediis *dissoluantur* aquis, O.
Vita data est utenda, data est sine fænore nobis
 Mutua, nec certâ *persoluenda* die. O.
      Nunc mare, nunc *syluæ*
Threïcio aquilone sonant. H.

CHAPITRE XV.

DU STYLE POÉTIQUE.

Il ne faut pas croire que la poésie ne diffère de la prose que par l'obligation gênante qui lui est imposée d'avoir égard à la quantité des syllabes, et de renfermer sa pensée dans un certain nombre de pieds. Horace nous fournit un moyen infaillible de reconnaître le style poétique. Il veut que l'on détruise la symétrie du vers. Le style qui résistera à cette épreuve, et qui, en perdant le charme du rhythme, n'aura rien perdu de sa dignité, sera le vrai langage de la poésie. Il fait lui-même cet essai sur ces vers d'Ennius :

> Postquàm Discordia tetra
> Belli ferratos postes portasque refregit.

et il remarque bien que si l'on change cette construction, il restera quelque chose qui ne sera pas de la prose ; la pensée ne cessera d'être grande, majestueuse ; on reconnaîtra encore :

> Disjecti membra poëtæ.

Horace consent à se sacrifier, pour confirmer, par un aveu sincère et modeste, la loi du bon goût qu'il vient d'établir, et il ne voit dans ses satires que de la prose soumise aux règles de la versification. Nous ne contredirons pas ce jugement : ses satires offrent peu de poésie ; mais ce genre, où doit régner une sorte d'abandon et de négligence, n'exigeait ni plus de richesse dans l'expression, ni plus de sévérité dans la facture du vers. Quand nous voudrons retrouver le poète, nous lirons ses odes.

La prose parle à la raison, la poésie s'adresse à l'imagination ; la première se contente d'instruire, la seconde se propose de peindre. Quand l'une ne demandera que de la clarté et de la précision, l'autre exigera de l'éclat et de l'abondance. Les pensées de la poésie seront plus élevées, ses tours plus hardis, ses expressions plus nobles. Virgile nous représente la Discorde frémissant de voir la paix donnée au monde:

> Claudentur Belli portæ : Furor impius intùs
> Sæva sedens super arma, et centum vinctus ahenis
> Post tergum nodis, fremet horridus ore cruento.

La prose oserait-elle jamais offrir un pareil tableau? Oserait-elle imiter la hardiesse de cette apostrophe:

> (Vulcanus) Hinc procul addit,
> Tartareas etiam sedes, alta ostia Ditis,
> Et scelerum pœnas, et te, Catilina, minaci
> Pendentem scopulo, Furiarumque ora trementem.

ou emprunter ces expressions figurés: *Cererem corruptam undis*, pour *panem*; *infusâ Pallade*, pour *infuso oleo*?

Nous avons déjà fait connaître les différentes ressources du langage poétique. Les changemens que nous avons présentés dans les chapitres précédens, comme facilitant la facture du vers, contribuent en même temps à leur élégance. En parlant du substantif, nous avons passé en revue à peu près toutes les figures de mots, dont la poésie fait un si fréquent usage. Elle évite l'expression triviale et exige de la noblesse: le synonyme et la périphrase répondent à ce besoin; elle aime à peindre les objets physiques, et à caractériser les objets moraux: l'épithète vient à son secours, et si ce léger ornement ne suffit pas pour remplir son intention, elle emploie l'apposition, l'incise, le redoublement d'idée, l'amplification. La prose a bien aussi recours à ces ornemens; mais elle en use avec plus de sobriété, tandis qu'il est dans l'essence de la poésie d'en être enrichie.

Nous allons encore ajouter quelques développemens pour compléter ce que nous avons à dire sur cette matière.

Esse, habere. 1° Voyons d'abord comment on peut éviter certains termes prosaïques qui se rencontrent à chaque instant. Par exemple, les verbes *esse* et *habere* se présentent bien souvent; Virgile nous apprendra à les remplacer par des expressions plus élégantes, et qui offrent des images.

Il parle d'une espèce d'abeilles qui choquent la vue par leur difformité :

Ast aliæ turpes *horrent*.

Il veut peindre Apollon revêtu d'un carquois :

Tela *sonant* humeris¹ :

la caverne ensanglantée de Polyphème :

Sanieque exspersa *natarent*
Limina.

des naufragés au haut d'une vague :

Hi summo in fluctu *pendent*.

la maison retirée d'Anchise :

Secreta parentis
Anchisæ domus, arboribusque obtecta *recessit*.

les champs privés de laboureurs :

Squalent abductis arva colonis.

Il parle d'un berger qui possède cent agneaux :

Mille mei Siculis *errant* in montibus agni.

d'un homme qui a cent charrues :

Terram centum *vertebat* aratris.

d'un serpent hérissé d'écailles :

Arrectisque *horret* squammis.

de la Renommée qui a cent bouches et cent oreilles :

Tot linguæ, totidem ora *sonant*, tot *subrigit* aures.

d'Égéon aux cent mains :

Jovis quum fulmina contrà
Tot paribus *streperet* clypeis, tot *stringeret* enses.

---

(1) Crura licet durâ compede vincta *sonent*. Tib.

des vaisseaux où l'eau pénètre de toutes parts :
>Rimisque *fatiscunt.*

des armes dont Enée est revêtu :
>Sidereo *flagrans* clypeo et cœlestibus armis.

d'un temple de Vénus :
>Ubi templum illi, centumque Sabæo
>Thure *calent* aræ, septisque recentibus *halant.*

On voit dans tous ces exemples les efforts constans du poète pour ennoblir l'expression, et mettre l'objet sous les yeux.

Is, ille. 2° Les pronoms *is, ille,* se présentent à chaque pas en écrivant. La poésie les emploie encore au nominatif. On les trouve en tête de beaucoup de vers : *ille* autem, *ille* ubi, *is*que ubi, *hæc* ubi, etc. ; mais il faut les éviter aux autres cas. Par exemple, le mot *eum* est prosaïque dans ce passage de Virgile :

>Æneas agnovit *eum*, lætusque precatur.

Ils sont ordinairement remplacés par une épithète. La phrase y gagne une image ou un sentiment nouveau.

Le même poète nous montre un aigle déchirant un serpent :
>Ille haud minùs urget obunco
>*Luctantem* rostro.

pour *eum.*

Enée arrachant le rameau d'or qui doit lui ouvrir le chemin des enfers :
>Corripit extemplò Æneas, avidusque refringit
>*Cunctantem.*

Un voyageur reculant d'effroi devant un serpent que son pied vient de fouler :
>Trepidusque repentè refugit
>*Attollentem* iras et cœrula colla *tumentem.*

un guerrier qui expire :
>Dedit obvia ferro
>Pectora, nec *misero* clypei mora profuit ærei.

les Troyens rendant les derniers devoirs à Misène :
>Pars calidos latices et ahena undantia flammis
>Expediunt, corpusque lavant *frigentis* et ungunt.

Quelquefois l'adjectif démonstratif se remplace par la répétition d'un substantif :
>Et Lausum increpitat, *Lauso*que minatur. V.

d'autres fois, par un substantif nouveau, ou même par une phrase entière.

Dans la fable du Lion devenu vieux, Phèdre dit :
>Infestis Taurus mox confodit cornibus
>*Hostile corpus.*

Nous avons vu Diomède, disent les députés des Latins, et notre main a touché la sienne :
>Contigimusque manum *quâ concidit Ilia tellus.* V.

mettez : manum *ejus*, et comparez!

Il est des cas cependant où ce pronom est non-seulement permis, mais encore élégant. Il agrandit le sujet dont on parle, et donne de l'énergie à la phrase :
>*Ille* ego qui quondam gracili modulatus avenâ
>Carmen, etc.

dit Virgile rappelant ses premiers titres à la gloire.

Didon s'écrie à la vue d'Enée :
>Tune *ille* Æneas quem Dardanio Anchisæ
>Alma Venus peperit, Phrygii Simoentis ad undam? V.

Dans le vers suivant, il y a dans l'emploi du mot *is* une délicatesse que l'on sentira de suite. Didon s'adresse à sa sœur :
>Inveni, germana, viam, gratare sorori,
>Quæ mihi reddat *eum*, vel *eo* me solvat amantem. V.

c'est là le commencement du discours. Elle ne nomme pas Enée, mais on ne s'y méprend pas un instant.

3° Cette substitution d'une épithète au pronom de la troisième personne est aussi applicable à ceux de la première et de la seconde, et quoique *me* et *te* puissent bien s'employer en poésie, voici comment on peut les faire disparaître avec avantage :

Alitibus linquère feris, aut gurgite *mersum*
Unda feret. V.

au lieu de *te*.

Esto, *œgram* nulli quondam flexére mariti. V.

au lieu de *te*.

Postquam primus amor *deceptam* morte fefellit. V.

au lieu de *me*.

Ni gens crudelis madidâ cum veste *gravatum*,
Prensantemque uncis manibus capita aspera montis
Ferro invasisset. V.

au lieu de *me*.

Il en est de même pour *nos* et *vos*.

4° Répétition. La répétition d'un mot peut donner au style beaucoup de grace ou de force :

Ad cœlum tollens ardentia lumina frustrà,
Lumina, nam teneras arcebant vincula palmas. V.

Impiæ (nam quid potuére majus?)
Impiæ sponsos potuére duro
Perdere ferro ! H.

Per tamen ossa viri subito malè tecta sepulcro,
Semper judiciis *ossa* verenda meis. O.

Regina extulerat notum penetralibus ensem,
Ensem sceptriferi spolium lacrymabile Laii. Stat.

Un petit mot répété deux fois consécutivement ajoute à la phrase de la vivacité et de l'énergie.

Sed moriamur, ait : sic, *sic* juvat ire sub umbras. V.
Hortatur Mnestheus : Nunc, *nunc* consurgite remis. V.
Me, *me*, adsum qui feci. V.

Quò, *quò*, scelesti, ruitis? H.
Te, *te*, laborum socia et adjutrix, precor. Sen.

Quand le poète veut attirer encore plus fortement l'intérêt sur un objet, il répète un mot jusqu'à trois fois :

Quùm procùl obscuros colles humilemque videmus
Italiam; Italiam primus conclamat Achates,
Italiam læto socii clamore salutant. V.

Eurydicen vox ipsa et frigida lingua,
Ah! miseram *Eurydicen!* animâ fugiente, vocabat.
Eurydicen toto referebant flumine ripæ. V.

Medio dùm labitur amne,
Flebile nescio quid queritur lyra, *flebile* lingua
Murmurat exanimis; respondent *flebile* ripæ. O.
At pater infelix, nec jam pater: *Icare*, dixit,
Icare, dixit, ubi es? quâ te regione requiram,
Icare? O.

Eurydice était l'unique objet des chants d'Orphée. La constance de ses regrets est admirablement rendue par un mot répété quatre fois :

Te, dulcis conjux, *te* solo in littore secum,
Te veniente die, *te* decedente canebat. V.

5° POLYPTOTE. La poésie aime à rapprocher symétriquement deux mots semblables. Elle emploie deux fois le même nom ou le même adjectif à deux cas différens, ou le même verbe à deux temps différens, ou un nom et un verbe de la même famille. Cette répétition s'appelle *Polyptote* (πολὺς, πίπτω, multos casus habens) :

Absens absentem auditque videtque. V.
Littora littoribus contraria, fluctibus undas,
Imprecor, *arma armis*. V.

Mortali urgemur ab hoste,
Mortales. V.
Falle dolo, et notos *pueri puer* indue vultus. V.
Uxor amans *flentem flens* acriùs ipsa tenebat. O.
Non mihi qui poenam fateor meruisse, sed illi
Parcite, quæ nullo digna *dolore dolet*. O.

STYLE POÉTIQUE.

6º ANTITHÈSE. Si l'on rapproche deux mots qui expriment une idée opposée, il y a *antithèse* :

> Taliter exuta est *veterem nova* Roma senectam. MART.
> Sirenas *hilarem* navigantium *pœnam*,
> *Blandam*que *mortem*, *gaudium*que *crudele*
> Fallax Ulysses dicitur reliquisse. MART.
> Solatia luctûs
> *Exigua ingentis*. V.

L'usage des contrastes est connu de tous les arts. L'éloquence a souvent recours à l'*antithèse* ; mais la poésie en fait au moins un aussi fréquent usage, et il est à propos de voir les effets qu'elle en tire. Dans les exemples précédens, les mots étaient opposés aux mots. Les meilleures *antithèses* sont celles qui opposent les pensées aux pensées.

Virgile, parlant d'Évandre qui conduit Énée au Capitole, offre un beau rapprochement :

> Hinc ad Tarpeiam rupem et Capitolia ducit
> *Aurea nunc, olim sylvestribus horrida dumis.*

Il montre Troie succombant sous la ruse de Sinon, et il rappelle à ce sujet les vains efforts de la Grèce armée :

> Talibus insidiis perjurique arte Sinonis
> Credita res, captique dolis, lacrymisque coacti,
> *Quos neque Tydides, nec Larissæus Achilles,*
> *Non anni domuére decem, non mille carinæ.*

Didon est prête à se percer le sein avec le glaive d'Énée :

> Conscendit furibunda rogos, ensemque recludit
> Dardanium, *non hos quæsitum munus in usus.* V.

Lucain, décrivant les funérailles de Pompée, rappelle, par une *antithèse* pleine de grandeur, que ce héros avait reçu trois fois les honneurs du triomphe :

> Collegit vestes, miserique insignia Magni,
> Armaque, et impressas auro quas gesserat olim

> Exuvias, pictasque togas, *velamina summo*
> *Ter conspecta Jovi.*

Claudien, montrant Proserpine occupée à cueillir des fleurs, introduit au milieu de cette scène riante un contraste fort touchant :

> Quas inter Cereris proles, *nunc gloria matris,*
> *Mox dolor,* æquali tendit vestigia gressu.

7° APOSTROPHE. Les poètes font un plus fréquent usage de l'*apostrophe* que les orateurs ; elle sert à rendre un sentiment soudain de douleur, de tendresse, d'indignation, etc., à faire éviter la monotonie d'une énumération, d'une description, ou simplement à donner à la phrase un tour plus élégant.

Virgile, après avoir fait la description du temple de Cumes orné par la main de Dédale, s'écrie :

> Tu quoque magnam
> Partem opere in tanto, sineret dolor, Icare, haberes !

Énée, racontant le funeste stratagème des Grecs, déplore l'aveuglement de ses concitoyens qui méprisèrent les conseils de Laocoon :

> Et, si fata Deûm, si mens non læva fuisset,
> Impulerat ferro Argolicas fœdare latebras :
> Trojaque, nunc stares ; Priamique arx alta, maneres ! V.

Le même poète énumérant les soldats qui forment l'armée de Turnus, varie la forme du récit par quelques *apostrophes* :

> Et te montosæ misére in prælia Nersæ,
> Ufens, insignem famá et felicibus armis.

Séreste offre en trophée au dieu Mars les armes de son ennemi :

> Arma Serestus
> Lecta refert humeris, tibi, rex Gradive, tropæum !

8° HARDIESSE D'EXPRESSION. La poésie est surtout remarquable par la hardiesse de ses expressions. On regarderait comme ambitieuse la prose qui voudrait rivaliser avec elle sous ce rapport.

Voyons comment Virgile exprime cette idée, *pousser des cris* :

Incendunt clamoribus auras.
Immugit regia luctu.
Clamoribus ædes
Fœmineis *ululant.*

Adresser des vœux au ciel :

Votisque *incendimus* aras.
*Oneravit*que æthera votis.

Il dit d'un nuage : Solis *inardescit* radiis.
d'un homme : Sidereo *flagrans* clypeo.

L'éclat d'une pierre précieuse est rendu d'une manière non moins hardie dans ce vers :

Vivis gaudebat digitos *incendere* gemmis. Stat.

S'agit-il de peindre une armée rangée en bataille ?

Latè *ferreus* hastis
Horret ager, campique armis sublimibus *ardent.* V.

La maison d'Ucalégon est déjà la proie des flammes :

Jam *proximus* ardet
Ucalegon. V.

Hercule est dévoré par la robe sanglante de Nessus :

*Totus*que furit per viscera *Nessus.* Stat.

9° Périphrase. La *périphrase* est d'un grand usage en poésie. Elle présente la pensée sous une forme moins commune et plus ingénieuse. Ovide parlant de l'hirondelle qui fait son nid, se sert de cette *périphrase* :

Et *luteum* celsâ sub trabe fingit *opus.*

Il met : *Sylva*que *Dodones* pour *quercus.*

Et quæ Pygmæo sanguine gaudet avis.

pour désigner la *grue.*

Mellifer electis *exercitus* obstrepit herbis. Claud.

c'est-à-dire *apes.*

Ces manières détournées de rendre l'idée plaisent à l'imagination.

La *périphrase* sert aussi à donner plus d'énergie à la pensée :

Si *furor Enceladi* projectâ mugiat Ætnâ. CLAUD.
Frange manu telum *Phrygii prædonis*, et ipsum
Pronum sterne solo. V.

Æneæ serait un mot bien froid dans la bouche de Turnus. Il s'écrie ailleurs à peu près dans le même sens :

Da sternere corpus,
Loricamque manu validâ lacerare revulsam
Semiviri Phrygis. V.

Iarbe, animé aussi du plus violent dépit contre le héros troyen, le désigne par ces mots :

Et nunc *ille Paris*. V.

La *périphrase* de pensée offre au poète le moyen de déployer toute la richesse de son expression. Virgile veut rendre cette idée : *postquàm senex fui*. Il dit élégamment :

Candidior postquàm tondenti barba cadebat

Au lieu de *quùm* adolescens *eris,* Claudien met :

Per tua lanugo quùm serpere cœperit ora.

Sæpè illi agnum mactabo devient :

Illius aram
Sæpè tener nostris ab ovilibus imbuet agnus. V.

Annuus exactis completur mensibus orbis. V.

c'est-à-dire *annus est ex quo*, etc.

10° ANTONOMASE. La poésie désigne souvent les personnes ou les objets d'une manière détournée qui sourit à l'imagination. Elle se sert d'un nom général au lieu d'un nom particulier. Cette figure s'appelle *antonomase*, (ἀντί, ὄνομα, changement de nom). Virgile donne à Didon le nom de *Phœnissa*.

    At non infelix animi *Phœnissa*.

Elle est désignée par sa patrie. De même dans les exemples suivans :

    Hoc *Ithacus* velit, et magno mercentur Atridæ. V.

c'est-à-dire *Ulysse*.

    Conscendit furibunda rogos, ensemque recludit
Dardanium, non hos servatum munus ad usus. V.
Hic postquàm *Iliacas* vestes, notumque cubile
Conspexit. V.

En employant les mots *Dardanium*, *Iliacas*, le poète n'entend parler que d'Énée.

Stace dit d'un jeune enfant qui n'est plus :

         Pyliæ nec fata senectæ
Maluerit, *Phrygiis* aut degere longiùs annis.

c'est-à-dire la vieillesse de Nestor et de Priam.

Les forêts étaient attirées par la lyre d'Orphée :

    Sylvaque *Bistoniam* sæpe secuta chelyn. Cl.

mot à mot *la lyre de Thrace*.

11° Métaphore. Elle transporte aux objets insensibles des expressions qui ne conviennent qu'aux êtres animés :

    Dissultant ripæ, refluitque *exterritus* amnis. V.
         Pontem indignatus Araxes. V.
Purpureus veluti quum flos succisus aratro
Languescit moriens. V.
Exiit ad cœlum ramis felicibus arbos,
Miraturque novas frondes et non sua poma. V.

On trouve plusieurs expressions semblables dans l'exemple suivant où Virgile décrit la chute d'un arbre que l'on abat :

         Illa usquè *minatur*,
Et tremefacta *comam* concusso vertice nutat,
Vulneribus donec paulatim *evicta*, supremùm
Congemuit, traxitque jugis avulsa ruinam.

CHAPITRE XV.

12° Pensées hardies. Elle sait nous émouvoir en prêtant aux animaux les sentimens de l'homme :

It tristis arator
Mærentem abjungens fraternâ morte juvencum. V.
Post bellator equus, positis insignibus, Æthon
It lacrymans, guttisque humectat grandibus ora. V.
Qualis populeâ mærens Philomela sub umbrâ,
Amissos queritur fœtus, quos durus arator
Observans nido implumes detraxit : at illa
Flet noctem, ramoque sedens miserabile carmen
Integrat, et mæstis latè loca questibus implet. V.

13° Style pittoresque. Elle excelle à nous mettre un tableau devant les yeux par la puissance qu'elle exerce sur l'imagination.

Virgile veut représenter Polyphème :

Jacuitque per antrum
Immensus.

Cerbère :

Tenuitque inhians tria Cerberus ora.

Hector, traîné dans la poussière :

Raptatus bigis, ut quondam, aterque cruento
Pulvere, perque pedes trajectus lora tumentes :
Squalentem barbam, et concretos sanguine crines,
Vulneraque illa gerens quæ circùm plurima muros
Accepit patrios.

Le pâtre qui, étendu dans sa grotte, voit son troupeau suspendu au flanc d'une montagne :

Non ego vos posthâc, viridi projectus in antro,
Dumosâ pendere procul de rupe videbo.

La louve qui allaite les fondateurs de Rome :

Fecerat et viridi fœtam Mavortis in antro
Procubuisse lupam ; geminos huic ubera circùm
Ludere pendentes pueros, et lambere matrem

Impavidos; illam tereti cervice reflexam
Mulcere alternos, et corpora fingere linguâ.

14° ABONDANCE DU STYLE. On peut encore admirer la richesse et la variété de ses expressions. Nous citerons à ce sujet le tableau d'une éruption de l'Etna :

Horrificis juxtà tonat Ætna ruinis,
Interdùmque atram prorumpit ad æthera nubem
Turbine fumantem piceo et candente favillâ,
Attollitque globos flammarum, et sidera lambit:
Interdùm scopulos avulsaque viscera montis
Erigit eructans, liquefactaque saxa sub auras
Cum gemitu glomerat, fundoque exæstuat imo. V.

Le fond de l'idée est que l'Etna vomit des matières embrasées. Quel parti le génie fécond du poète a su en tirer !

Ailleurs il offre la peinture d'une eau en ébullition :

Magno veluti quùm flamma sonore
Virgea suggeritur costis undantis aheni,
Exsultantque æstu latices; furit intùs aquæ vis,
Fumidus atque altè spumis exuberat amnis,
Nec jam se capit unda, volat vapor ater ad auras. V.

L'eau, qui est le sujet de cette comparaison, est désignée, avec une féconde variété, par tous ces mots : *undantis, latices, aquæ vis, fumidus, amnis, unda, vapor.*

Dans le combat d'Hercule et de Cacus, la caverne du monstre est appelée *spelunca, vastum recessum, saxum opacum, vastum antrum, ingens regia, umbrosa caverna, cavum saxum, domum caligine cæcam, ingentem specum, domum atram.*

CHAPITRE XVI.

ABUS DU STYLE POÉTIQUE.

La dignité et le naturel du style ne sont pas faciles à concilier. En outrant les qualités qui caractérisent le langage poétique, on tombe dans l'exagération. Or, le goût qui condamne l'absence d'ornemens n'en reprouve pas moins l'excès, et le secret du talent est d'atteindre cette juste mesure dont parle Horace :

> Est modus in rebus; sunt certi denique fines
> Quos ultrà, citràque nequit consistere rectum.

Nous allons signaler ces écueils, et mettre le jugement des élèves en garde contre ces défauts.

Nous avons parlé de l'*antithèse* et nous avons vu que cette figure prête à la poésie de grandes beautés. Mais il est à craindre qu'elle ne tombe dans la recherche. Virgile n'a pas évité ce défaut quand il a fait dire à Junon :

> Heu ! stirpem invisam, et *fatis* contraria *nostris*
> *Fata Phrygum !* Nùm Sigœis occumbere campis,
> Nùm *capti* potuére *capi ?* Nùm *incensa cremavit*
> Troja viros ?

1° L'*antithèse* du premier vers ne mérite que des éloges, mais on ne saurait pardonner les deux autres. « Troie a « été prise, s'écrie la Déesse, et les Troyens sont libres! « Troie a été livrée aux flammes, et les habitans ont « échappé ! » On a remarqué avec raison que le fond de ces idées n'a rien que de naturel. Voici le sens de la phrase : « Tous les périls que je leur ai suscités n'ont « donc pu les atteindre ! » Mais l'expression trahit des intentions subtiles, incompatibles avec la vivacité de la passion. La fureur ne s'amuse pas ainsi à combiner des mots. L'expression *capti* manque même de justesse : c'est Troie qui est prise, et non les Troyens, puisque c'est dans cette distinction que se trouve toute l'idée. On est donc obligé de donner un sens différent à *capti* et à *capi*.

Sénèque le tragique tombe souvent dans cette faute. Il veut dire que Priam est privé des honneurs de la sépulture :

> Ille tot regum parens
> Caret sepulcro Priamus ; et *flammâ indiget*,
> *Ardente Trojâ*.

Rien de plus recherché que cette dernière pensée. Malheur au poète qui vise à l'esprit au milieu du tableau d'une si terrible catastrophe ! Le cœur, dont il refroidit l'émotion, fait justice de ces jeux de mots puérils.

2° *L'apostrophe* peut devenir emphatique, et manquer de naturel. Lucain la prodigue jusqu'à satiété. A chaque instant il s'écrie : *Cæsar, Magne, Libertas, Roma, Fortuna*, etc.

> Pelagus jam, *Magne*, tenebas.

Tournure bien solennelle pour dire peu de chose. Ce défaut est surtout frappant dans les discours. Cornélie, par exemple, déplorant la mort de Pompée, ne se refuse pas les *apostrophes*. Il n'y a rien de plus froid : comment sympathiser avec une femme qui paraît assez maîtresse d'elle-même pour chercher des tournures capables d'exciter la surprise et l'admiration?

> Ergò indigna fui, dixit, *Fortuna*, mariti
> Accendisse rogum ?
> Non tamen hic, longè qui fulget luce malignâ,
> Ignis, adhuc aliquid, Phario de littore surgens,
> Ostendit mihi, *Magne*, tui.

3.º Une hardiesse exagérée conduit à l'enflure et à l'obscurité. Les poètes postérieurs au siècle d'Auguste tombent souvent dans ce défaut. Pour être neufs, ils abandonnent la nature. Stace, voulant désigner les rugissemens d'un lion affamé, se sert de l'expression *jejunum murmur*. Rien de plus ridicule que cette étrange alliance de mots.

Ailleurs il montre Œdipe offrant les traces hideuses des blessures dont il défigura son visage :

Effossæ squalent vestigia *lucis*.

effossa lux pour *effossi oculi* est encore une expression de bien mauvais goût.

Il parle d'une armée qui vient de se désaltérer dans un fleuve.

Pulsa sitis fluvio, *populata*que gurgitis *alveum*
Agmina linquebant ripas, *amnem*que *minorem*.

Populata alveum est une expression aussi ambitieuse que l'idée *linquebant amnem minorem*.

Juvénal, armé des traits de la satire, avait déjà fait justice d'une pareille idée employée par un poète de son temps :

Credimus altos
Defecisse amnes, epotaque flumina Medo
Prandente, et madidis cantat quæ Sostratus alis.

4.º L'expression peut encore être recherchée dans le genre gracieux. L'auteur alors vise à la finesse et non à la force ; mais il n'est que prétentieux. Un poète moderne met ces vers dans la bouche de Narcisse :

Vix ego *frigidulæ* requieram margine ripæ,
Mersurus *gelido flammea* labra lacu ;
Ecce repercussos parit unda *puerpera* vultus,
Blanditurque oculis æmula forma meis. Sautel.

Frigidulæ, que nous ne remarquerions pas s'il était

ABUS DU STYLE POÉTIQUE.

seul, rentre dans ce système général d'affectation. *Gelido flammea* est une antithèse puérile : mais c'est surtout *unda puerpera*, une eau mère d'un enfant, qui est un chef-d'œuvre de mauvais goût.

5° Nous avons loué certaines manières détournées de désigner une personne ou une chose ; mais ici le poète impose à l'esprit un travail trop pénible.

Lucain appelle les Mânes de Pompée *Thessalici Manes* :

> Toto littore busta
> Surgunt *Thessalicis* reddentia *Manibus* ignem.

Cette expression trop éloignée ne désigne pas suffisamment le héros.

Sénèque parle d'un crime qui fait presque reculer le soleil d'horreur :

> Stat ecce Titon dubius emerito die,
> Suâne currat, an *Thyestéâ* viâ.

L'énergie ici n'est que de l'exagération et de l'obscurité. Racine, empruntant cette idée, mais éclaircissant l'expression, fait dire à Clytemnestre :

> Et toi, Soleil, et toi qui dans cette contrée
> Reconnais l'héritier et le vrai fils d'Atrée,
> Toi qui n'osas du père éclairer le festin,
> Recule, ils t'ont appris ce funeste chemin !

6° Nous avons vu quel parti les poètes peuvent tirer des expressions figurées ; mais on trouve aussi des *métaphores* bizarres et forcées.

Claudien représente Proserpine occupée à broder un ouvrage dont les zônes étaient le sujet. Voici comme il s'exprime au sujet de la zône torride :

> Squalebat adustus
> Limes, et assiduo *sitiebant* stamina sole.

et peu après, il dit des zônes glaciales :

> Torpentes traxit geminas, brumâque perenni
> Fædat, et æterno *constringit frigore* telas.

Cet exemple nous montre un tissu sensible aux impressions du froid et du chaud. Qu'il y a loin de cette prétention à la simplicité de Virgile !

> Quinque tenent cœlum zonæ, quarum una corusco
> Semper sole rubens, et torrida semper ab igni :
> Quam circùm extremæ dextrâ lævâque trahuntur
> Cæruleâ glacie concretæ, atque imbribus atris.

Un poète chrétien parle ainsi des conversions opérées par saint Paul ;

> Paulus in orbe docet, fideique ligonibus omnes
> Excolit, et fidei cogit flavescere messem,
> Errorum fugiente gelu.

Il est difficile de pousser plus loin le mauvais goût.

7° On peut prêter d'une manière ridicule des sentimens humains aux animaux. Sénèque parle des chevaux d'Hippolyte qui viennent de renverser leur maître de son char, et il ajoute :

> Sensére pecudes facinus [1].

Ce vers rappelle celui de Théophile :

> Le voilà ce poignard qui du sang de son maître
> S'est souillé lâchement : il en rougit le traître !

8° La *périphrase* trop prolongée rend le style languissant ; alors en croyant ajouter de la richesse à la pensée, on ne fait qu'en retarder la marche.

Virgile a dit :

> Antè, pererratis amborum finibus, exul
> Aut Ararim Parthus bibet, aut Germania Tigrim,
> Quàm nostro illius labatur pectore vultus.

La *périphrase* contenue dans le second vers a plu-

---

(1) Florus prétend que les éléphans de Pyrrhus, ornant le triomphe des vainqueurs, étaient sensibles à leur humiliation : *Non sine sensu captivitatis, submissis cervicibus, victores equos sequebantur.*

sieurs fois été reproduite par les Latins et les modernes. Tout le monde connaît les vers de Boileau :

> Avant qu'un tel dessein m'entre dans la pensée,
> On pourra voir la Seine à la saint Jean glacée,
> Arnauld à Charenton devenir huguenot,
> Saint Sorlin janséniste, et saint Pavin bigot.

La même idée est rendue par Sénèque avec une abondance fastidieuse :

> Lucida dùm current annosi sidera mundi,
> Oceanus clausum dùm fluctibus ambiet orbem,
> Lunaque dimissos dùm plena recolliget ignes,
> Dùm matutinos prædicet Lucifer ortus,
> Albaque cæruleum dùm Nerea nesciet Arctos,
> Candida formosi venerabimur ora Lyæi.

9° En voulant offrir un tableau pittoresque, on s'appesantit quelquefois sur des détails qui inspirent le dégoût, et que saurait écarter avec soin un poète judicieux.

On a lu cent fois dans Racine la magnifique description de la mort d'Hippolyte, et l'on a pu remarquer avec quelle sage réserve il s'abstient de toute peinture révoltante. Les exemples suivans feront encore ressortir ce mérite.

Dans Ovide, Hippolyte raconte lui-même sa triste aventure :

> Excutior curru, lorisque tenentibus artus,
> Viscera viva trahi nervos in stirpe videres,
> Membra trahi partim, partim deprensa relinqui,
> Ossa gravem dare fracta sonum, fessamque videres
> Exhalari animam, nullasque in corpore partes
> Noscere quas posses, unumque erat omnia vulnus.

Ces vers offrent un hideux tableau. Les derniers méritent des éloges ; le plus beau qu'on puisse en faire, c'est de dire que Racine les a à peu près traduits. Mais notre langue n'atteindra jamais l'harmonie imitative de cette phrase :

Fessamque videres

Exhalari animam.

La même faute de goût est plus pardonnable dans Sénèque, qui au moins ne met pas le récit dans la bouche de la victime :

Latè cruentat arva, et illisum caput
Scopulis resultat. Auferunt dumi comas,
Et ora durus pulchra populatur lapis,
Peritque multo vulnere infelix decor.
Moribunda celeres membra pervolvunt rotæ.
Indè semianimem secant
Virgulta, acutis asperi vepres rubis,
Omnisque truncus corporis partem tulit.

ce dernier vers surtout présente une image fort plaisante.

10° Le poète sans goût, qui prétend à la richesse du style, tombe dans la diffusion. Le même Sénèque veut peindre l'effroi inspiré par la présence d'un monstre :

Tremuére terræ; fugit attonitum pecus
Passim per agros, nec suos pastor sequi
Meminit juvencos. Omnis è saltu fera
Diffugit; omnis frigido exanguis metu
Venator horret.

A quoi bon ce luxe d'imagination? c'est bien de cela qu'il s'agit ici! Ce monstre va causer la mort d'Hippolyte, voilà ce qui doit sans cesse occuper, émouvoir le poète. Mais il est calme; il fait des frais d'esprit, quand on lui demande des sentimens. En outre, il n'y a point de gradation dans ce tableau : *tremuére terræ* est le trait le plus fort, *venator horret* est le plus faible.

ABUS DU STYLE POÉTIQUE.

Ovide avait dit :

> Ipsa quoque immunis, rastroque intacta, nec ullis
> Saucia vomeribus, per se dabat omnia tellus.

Claudien paraphrase cette idée. Cérès dit à la Sicile que, pour gage de reconnaissance, elle lui donne en partage la fécondité.

> Præmia digna manent : nullos patière ligones,
> Et nullo rigidi versabere vomeris ictu ;
> Sponte tuâ florebit ager, cessante juvenco ;
> Ditior oblatas mirabitur incola messes.

Jupiter fait un signe de tête et tout l'Olympe est ébranlé :

> Annuit, et totum nutu tremefecit Olympum. V.

C'est bien autre chose à la voix de Pluton :

> Talia celso
> Ore tonat. Tremefacta silent dicente tyranno
> Atria, latratum triplicem compescuit ingens
> Janitor, et presso lacrymarum fonte resedit
> Cocytus, tacitisque Acheron obmutuit undis,
> Et Phlegethonteæ requiêrunt murmura ripæ. CLAUD.

Comparons à cet exemple un exemple de Virgile qui y ressemble au premier coup d'œil. Il décrit l'enfer ému par les accens d'Orphée :

> Quin ipsæ stupuêre domus, atque intima lethi
> Tartara, cæruleosque implexæ crinibus angues
> Eumenides, tenuitque inhians tria Cerberus ora,
> Atque Ixionii vento rota constitit orbis.

Il y aurait beaucoup à dire en faveur du chantre d'Aristée : 1° il a précédé Claudien qui, on le voit, avait lu les vers de son devancier ; 2° ces derniers vers sont bien loin d'avoir l'harmonie emphatique des premiers ; 3° en quatre vers, Virgile a renfermé beaucoup plus d'idées que son imitateur : tout l'Enfer est sous nos yeux ; bourreaux, victimes, rien n'est omis. Et Claudien qui

Souvent pour ne rien dire ouvre une bouche immense,

répète trois fois que les fleuves de l'Enfer furent troublés; 4° enfin, et cette différence est majeure, Virgile décrit un fait extraordinaire ; il doit insister sur son idée pour bien nous pénétrer de ce pouvoir miraculeux de l'harmonie, au lieu que Pluton parle tous les jours : pourquoi tout ce luxe de développemens ! Virgile, comme nous l'avons vu, et Homère qu'il imitait, n'ont pas mis cinq vers pour dire que Jupiter fait trembler l'Olympe d'un signe de tête.

CHAPITRE XVII.

PREMIÈRE SECTION.

DE L'USAGE DES DÉVELOPPEMENS. — DES COMPARAISONS.

1° AMPLIFICATION. Nous venons de voir dans l'article précédent des développemens que le goût réprouve. En parlant plus haut de l'*amplification*, nous avons donné des exemples, et non des préceptes. Revenons sur cette importante matière, et ne nous contentons pas d'indiquer l'*amplification* comme une ressource poétique, mais justifions-en l'emploi.

Nous allons voir quel parti elle sait tirer des idées suivantes : *Trojam relinquo* :

Littora tùm patriæ lacrymans portusque relinquo,
Et campos ubi Troja fuit. V.

Postquàm Troja cecidit :

Postquàm res Asiæ Priamique evertere gentem

Immeritam visum Superis, ceciditque superbum
Ilium, et omnis humo fumat Neptunia Troja. V.
Utinam sub mænibus Trojæ cecidissem :

     Mene Iliacis occumbere campis
Non potuisse, tuáque animam hanc effundere dextrâ,
Sævus ubi Æacidæ telo jacet Hector, ubi ingens
Sarpedon; ubi tot Simoïs correpta sub undis
Scuta virûm, galeasque et fortia corpora volvit ! V.

Polyphème pousse un cri horrible qui fait trembler tous les lieux d'alentour : l'*amplification* fait valoir cette idée :

Clamorem immensum tollit, quo pontus et omnes
Intremuére undæ, penitùsque exterrita tellus
Italiæ, curvisque immugiit Ætna cavernis. V.

Voyez cette idée ; *bellorum reliquias arator inveniet,* amplifiée dans les Géorgiques ;

Scilicet et tempus veniet, quùm finibus illis,
Agricola incurvo terram molitus aratro,
Exesa inveniet scabrâ rubigine pila,
Aut gravibus rastris galeas pulsabit inanes,
Grandiaque effossis mirabitur ossa sepulcris.

L'*amplification* est une manière d'insister fortement sur une idée : or l'idée doit mériter ce privilége. Si l'on veut rendre un sentiment profond ou un tableau pittoresque, la nature demande qu'on choisisse tous les traits qui pourront nous communiquer cette impression énergique, ou nous mettre sous les yeux cette peinture vivante et animée ; mais si l'*amplification* recouvre une idée secondaire, accessoire, de peu de valeur, elle glace l'intérêt et fatigue l'esprit dont la juste impatience s'élance au-delà.

Examinons les exemples précédens pour reconnaître si l'*amplification* est ici légitime. Nous y voyons d'abord le regret cuisant de fuir la patrie. L'idée est touchante ; l'étendre c'est prolonger l'émotion ; 2° cette pompe et cette richesse dans l'expression nous pénètre de la grandeur de Troie, et nous fait compâtir davantage à sa chute ; 3° quelle consolation pour un héros de reposer auprès de tant de héros ! Énée justifie à nos yeux son regret, en énumérant tant de nobles victimes ; 4° Virgile veut rendre d'une manière frappante la voix redoutable de Polyphème : pouvait-il mieux y réussir qu'en montrant toute la nature ébranlée, pour ainsi dire, par un cri du cyclope ; 5° enfin le poète semble agrandir les désastres des guerres civiles, en comptant tous les débris que le soc doit heurter. On voit que tous ces développemens sont autorisés et même exigés par le sujet. Qu'on les retranche, et l'on verra tout ce que l'idée perd de force, de grandeur, de pathétique.

2° Énumération des parties. Nous en avons déjà cité deux exemples (chap. XII, pag 56). Dans le premier Énée contemple la nouvelle Troie qu'Andromaque a fait bâtir pour charmer son exil. Qui ferait un crime à Virgile d'avoir insisté sur cette peinture ? Énée revoit sa patrie. Combien il doit se complaire à ce touchant spectacle ! il examine jusqu'aux moindres détails : le Xanthe, la porte Scée, rien n'échappe à sa curieuse ivresse, et les développemens du poète font passer en nous la vive émotion dont chaque objet remplit son héros. L'autre exemple exprimait des regrets sur la mort d'un jeune enfant. N'est-il pas naturel alors que l'on passe en revue toutes ses qualités ? on aime à entretenir sa douleur par le long récit des objets qui la provoquent.

Voyons de nouveaux exemples auxquels nous appliquerons ces règles de critique. Virgile énumère les maux qui siègent à la porte des Enfers :

  Vestibulum ante ipsum, primisque in faucibus Orci,

> Luctus, et ultrices posuère sedilia Curæ,
> Pallentesque habitant Morbi, tristisque Senectus,
> Et Metus, et malesuada Fames, ac turpis Egestas,
> Terribiles visu formæ, Lethumque, Labosque,
> Tùm consanguineus Lethi Sopor, et mala mentis
> Gaudia, mortiferumque adverso in limine Bellum,
> Ferreique Eumenidum thalami, et Discordia demens,
> Vipereum crinem vittis impexa cruentis.

Ovide chante le retour du printemps :

> Omnia tunc florent, tunc est nova temporis ætas;
>   Et nova de gravido palmite gemma tumet;
> Et modò formatis operitur frondibus arbor,
>   Prodit et in summum seminis herba solum;
> Et tepidum volucres concentibus aëra mulcent,
>   Ludit et in pratis luxuriatque pecus;
> Tum blandi soles, ignotaque prodit hirundo,
>   Et luteum celsâ sub trabe fingit opus.

Nous voyons ici des développemens fort étendus. Mais ne perdons pas de vue l'intention des deux poètes. Peindre les divinités de l'Enfer et l'influence du printemps, voilà tout leur objet. L'abondance des détails rendra le tableau plus parfait. Mais si l'idée n'était qu'accessoire, il faudrait abréger de beaucoup l'*énumération*, ou l'on ferait languir l'intérêt. Virgile, parlant des différens arbres coupés pour construire un bûcher, dit avec son goût ordinaire :

> Itur in antiquam sylvam, stabula alta ferarum :
> Procumbunt piceæ; sonat icta securibus ilex,
> Fraxineæque trabes, cuneis et fissile robur
> Scinditur; advolvunt ingentes montibus ornos.

Et ailleurs :

> Ferro sonat acta bipenni
> Fraxinus; evertunt actas ad sidera pinus,
> Robora nec cuneis, et olentem scindere cedrum,
> Nec plaustris cessant vectare gementibus ornos.

Lucain même, qui souvent est si prodigue de détails inutiles, est resté dans une juste mesure, lorsqu'il a décrit la forêt de Marseille tombant sous les coups des Romains qui viennent y chercher des machines de guerre :

> Procumbunt orni, nodosa impellitur ilex ;
> Sylvaque Dodones, et fluctibus aptior alnus,
> Et non plebeios luctus testata cupressus
> Tunc posuere comas.

Ces exemples feront ressortir le mauvais goût d'un autre poète, qui, ayant à parler comme Virgile des apprêts d'une cérémonie funèbre, donne carrière à son imagination, et surcharge sa pensée d'une abondance de détails extrêmement choquante :

> Cadit ardua fagus,
> Chaoniumque nemus, brumaque illæsa cupressus ;
> Procumbunt piceæ, flammis alimenta supremis,
> Ornique, iliciæque trabes, metuendaque succo
> Fraxinus, atque situ non expugnabile robur.
> Hinc audax abies, et odoro vulnere pinus
> Scinditur ; acclinant intonsa cacumina terræ
> Alnus amica fretis, nec inhospita vitibus ulmus. STAT.

Certainement ce sont là des vers bien tournés ; ils sont élégans et harmonieux ; tous les traits qui peignent les différentes espèces d'arbres sont bien choisis : et cependant l'ensemble est défectueux, parce que l'intention même du développement est condamnable.

Qui croirait que l'on pût encore aller au-delà du mauvais goût offert par cet exemple ? Ovide y a réussi, et lorsqu'il montre les arbres attirés par la lyre d'Orphée, il entre dans une *énumération* qui est ce qu'il y a au monde de plus ridicule. Nous le citerons en entier, parce que les bons préceptes se tirent des mauvais exemples comme des bons, et ensuite parce que chaque vers pris à part est digne de servir de modèle :

>Non Chaonis abfuit arbor,
>Non nemus Heliadum, non frondibus æsculus altis,
>Non tiliæ moles, nec fagus, et innuba laurus,
>Et coryli fragiles, et fraxinus utilis hastis,
>Enodisque abies, curvataque glandibus ilex,
>Et platanus genialis, acerque coloribus impar,
>Amnicolæque simul salices, et aquatica lotos,
>Perpetuòque virens buxus, tenuesque myricæ,
>Et bicolor myrtus, et baccis cærula tinus [1].
>Vos quoque flexipedes hederæ venistis, et unà
>Pampineæ vites, et amictæ vitibus ulmi,
>Ornique et piceæ, pomoque onerata rubenti
>Arbutus, et lentæ victoris præmia palmæ,
>Et succincta comas hirsutaque vertice pinus,
>Grata Deûm matri. Siquidem Cybeleïus Atys
>Exuit hàc hominem, truncoque induruit illo.
>Adfuit huic turbæ metas imitata cupressus.

3° ACCUMULATION. L'exemple d'Ovide que nous en avons donné (chap. XII, page 57) a le défaut d'être déjà trop long. Si les développemens ne sont pas exigés par le sujet, on tombe dans ce brillant défaut reproché au chantre des métamorphoses, qui fait si souvent souffrir le lecteur de sa féconde imagination. Ils ne sont plus qu'un vain jeu d'esprit, un froid exercice de rhéteur.

Ce poète nous offre un exemple bien frappant de ce verbiage dans l'endroit où le cyclope fait le portrait de Galatée :

>Candidior nivei folio, Galatea, ligustri,
>Floridior pratis, longà procerior alno,
>Splendidior vitro, tenero lascivior hædo,

---

(1) *Tinus*, genus sylvestris lauri.

Lævior assiduo detritis æquore conchis,
Solibus hybernis, æstivá gratior umbrâ,
Mobilior pomis, platano conspectior altâ,
Lucidior glacie, maturâ dulcior uvâ,
Mollior et cycni plumis et lacte coacto,
Et, si non fugias, riguo formosior horto;
Sævior indomitis eadem Galatea juvencis,
Durior annosâ quercu, fallacior undis,
Lentior et salicis virgis, et vitibus albis,
His immobilior scopulis, violentior amne,
Laudato pavone superbior, acrior igni,
Asperior tribulis, fœtâ truculentior ursâ,
Surdior æquoribus, calcato immitior hydro,
Et, quod præcipuè vellem tibi demere possem,
Non tantùm cervo claris latratibus acto,
Verùm etiam ventis volucrique fugacior aurâ.

Dix-neuf vers de comparaison! quelle monotonie! Théocrite avait fourni au poète latin l'idée de ce contraste plein de grace :

Candidior nivei folio, Galatea, ligustri, etc.
Sævior indomitis eadem Galatea juvencis, etc.

Mais l'auteur grec s'est renfermé dans les bornes prescrites par le goût[1]. La diffusion de l'imitateur fait perdre à ce morceau presque toute sa délicatesse ; l'esprit fatigué n'a plus d'admiration.

---

(1) Ὦ λευκὰ Γαλάτεια, τί τὸν φιλέοντ' ἀποβάλλῃ;
Λευκοτέρα πακτᾶς ποτιδεῖν, ἀπαλωτέρα δ'ἀρνός,
Μόσχω γαυροτέρα, φιαρωτέρα ὄμφακος ὠμᾶς. (ID. XI.)
Déjà Virgile avait emprunté la forme de cette idée :
  Nerine Galatea, thymo mihi dulcior Hyblæ
  Candidior cycnis, hederâ formosior albâ...
  Immò ego Sardois videar tibi amarior herbis,
  Horridior rusco, projectâ vilior algâ. (Ecl. VII.)

Virgile et Horace seront ici, comme sous tant d'autres rapports, les meilleurs modèles à suivre. Jamais on ne trouve dans leurs ouvrages de ces développemens maladroits qui font languir l'intérêt ou détruisent l'émotion. Les autres poètes, étudiés parallèlement, seront aussi très profitables, en ce qu'ils offriront par leurs défauts les moyens d'appliquer les préceptes puisés dans les oracles du bon goût.

4° DESCRIPTION. Lorsqu'un objet est digne de fixer toute notre attention, et qu'une épithète, une périphrase, une opposition, un redoublement d'idée, etc., ne le feraient pas suffisamment connaître, on le dépeint dans tous ses détails; on en fait la *description*. C'est là que la poésie déploie toute sa pompe et toutes ses richesses. Elle choisit les couleurs les plus vives, et nous met sous les yeux un tableau animé. Nous assistons à la tempête décrite par Virgile au premier livre de l'Énéide:

> Hæc ubi dicta, cavum conversâ cuspide montem
> Impulit in latus; ac venti, velut agmine facto,
> Quà data porta, ruunt, et terras turbine perflant;
> Incubuère mari, totumque à sedibus imis
> Unà Eurusque Notusque ruunt, creberque procellis
> Africus, et vastos volvunt ad littora fluctus.
> Insequitur clamorque virûm, stridorque rudentûm:
> Eripiunt subitò nubes cœlumque diemque
> Teucrorum ex oculis: ponto nox incubat atra.
> Intonuère poli, et crebris micat ignibus æther;
> Præsentemque viris intentant omnia mortem.

On se trompe étrangement, quand on croit mieux remplir le but de la *description* en prodiguant les détails. Le mérite du poète consiste à savoir choisir les traits intéressans, et non à accumuler sans goût tous ceux que lui fournit une pénible recherche. Ovide a aussi fait une description de tempête (Métam. XI). Elle ne renferme pas moins de quatre-vingt vers. Le poète décrit pour décrire. Heureux de trouver un champ ouvert à son imagination, il oublie Céyx et Halcyone. Virgile au contraire ne perd pas de vue son héros. Tous les détails descriptifs ne sont que secondaires. Il sont destinés à émouvoir plus vivement la pitié en faveur d'Énée. On le suit au milieu de la tempête, on entend au milieu du bouleversement de la nature, l'expression pathétique de sa douleur. Lucain est tombé dans le même défaut qu'Ovide; on peut voir sa *description* au livre V de la Pharsale. Mais il se surpasse, quand il entre dans le détail des prodiges qui annoncèrent la guerre civile (liv. I) :

> Tùm, ne qua futuri
> Spes saltem trepidas mentes levet, addita fati
> Pejoris manifesta fides; Superique minaces
> Prodigiis terras implêrunt, æthera, pontum.
> Ignota obscuræ viderunt sidera noctes,
> Ardentemque polum flammis, cœloque volantes
> Obliquas per inane faces, crinemque tremendi
> Sideris, et terris mutantem regna cometen.
> Fulgura fallaci micuerunt crebra sereno,
> Et varias ignis denso dedit aëre formas.

Il ne reste plus qu'une soixantaine de vers, qu'on peut achever dans l'original. Il serait bon de comparer à ce morceau la fin du premier livre des Géorgiques.

S'il faut éviter de trop prolonger les *descriptions*, on doit à plus forte raison prendre garde qu'elles ne soient entièrement déplacées. « Il faut, dit Marmontel, réser-
« ver les peintures détaillées pour les momens de calme
« et de relâche ; dans ceux où l'action est vive et rapide,
« on ne peut trop se hâter de peindre à grandes touches
« ce qui est de spectacle et de décoration. Je n'en citerai
« qu'un exemple : Le lever de l'aurore, la flotte d'Énée

« voguant à pleines voiles, le port de Carthage vide et
« désert ; Didon, qui du haut de son palais voit ce spec-
« tacle, et qui dans sa douleur s'arrache les cheveux et
« se meurtrit le sein ; tout cela est exprimé dans l'Énéide
« en moins de cinq vers :

>   Regina è speculis ut primùm albescere lucem
>   Vidit, et æquatis classem procedere velis,
>   Littoraque et vacuos sensit sine remige portus ;
>   Terque quaterque manu pectus percussa decorum,
>   Flaventesque abscissa comas : Proh Jupiter ! ibit
>   Hic, ait, et nostris illuserit advena regnis !

« On sent que Virgile était impatient de faire parler
« Didon et de lui céder le théâtre. C'est ainsi que le
« poète doit en user toutes les fois que l'action le presse
« de faire place à ses acteurs. »

2ᵉ SECTION.

COMPARAISON. Il s'agit ici, non plus de reproduire l'idée de la matière sous des formes nouvelles, mais de trouver une nouvelle idée qui ait du rapport avec la première, de présenter parallèlement deux objets qui se ressemblent. Quoique la *comparaison* convienne plus particulièrement au style épique, elle trouve encore sa place dans les autres genres de poésie. Elle éclaire, colore, embellit son objet, souvent l'élève et l'aggrandit.

Si la *comparaison* présente une image simple et fidèle, elle a rempli son objet. On a cité mille fois ces beaux vers de Virgile, où Didon, égarée par l'amour, est comparée à une biche qui fuit, emportant le trait enfoncé dans son sein :

>   Qualis conjectâ cerva sagittâ
> Quam procul incautam nemora inter Cressia fixit

> Pastor agens telis, liquitque volatile ferrum
> Nescius : illa fugâ sylvas saltusque peragrat
> Dictæos ; hæret lateri lethalis arundo.

Lucain dit que Pompée dans sa vieillesse était encore entouré du respect des Romains, qui n'avaient pas oublié sa jeunesse triomphante. Il le compare à un vieil arbre chargé d'offrandes et de trophées :

> Qualis frugifero quercus sublimis in agro,
> Exuvias veteres populi, sacrataque gestans
> Dona ducum : nec jam validis radicibus hærens,
> Pondere fixa suo est ; nudosque per aëra ramos
> Effundens, trunco, non frondibus efficit umbram :
> At quamvis primo nutet casura sub Euro,
> Tot circùm sylvæ firmo se robore tollant,
> Sola tamen colitur.

On ne peut trouver un rapport mieux saisi et plus poétiquement exprimé.

Un poète moins connu, et qui ne manque pas de *comparaisons* heureuses, Stace, voulant peindre le désespoir d'Hypsipyle, lorsqu'elle aperçoit Archemore, son nourrisson, baigné dans son sang, ajoute :

> Ac velut aligeræ sedem fœtusque parentis
> Quùm piger umbrosâ populatus in ilice serpens,
> Illa redit, querulæque domûs mirata quietem,
> Stat super impendens, advectosque horrida mæsto
> Excutit ore cibos : quùm solus in arbore carâ
> Sanguis, et errantes per capta cubilia plumæ.

Nous avons dit que la *comparaison* agrandit quelquefois son objet. Horace compare Drusus à l'oiseau qui porte le tonnerre :

> Qualem ministrum fulminis alitem
> Cui rex Deorum regnum in aves vagas
>   Permisit, expertus fidelem
>   Jupiter in Ganymede flavo ;

> Olim juventas et patrius vigor
> Nido laborum propulit insciam,
>   Vernique, jam nimbis remotis,
>   Insolos docuère nisus
> Venti paventem; mox in ovilia
> Demisit hostem vividus impetus;
>   Nunc in reluctantes dracones
>   Egit amor dapis atque pugnæ.

Énée se dispose à partir pour la chasse; on le prendrait, dit le poète, pour Apollon. Quelle noble idée cette *comparaison* nous donne du héros !

> Qualis, ubi hybernam Lyciam Xanthique fluenta
> Deserit, ac Delum maternam invisit Apollo,
> Instauratque choros; mixtique altaria circùm
> Cretesque, Dryopes que fremunt, pictique Agathyrsi;
> Ipse jugis Cynthi graditur, mollique fluentem
> Fronde premit crinem fingens, atque implicat auro;
> Tela sonant humeris. V.

En général la *comparaison* rend plus présent à l'imagination l'objet de la pensée. Elle offre le plus souvent une image. Telles sont celles que nous fournit l'antiquité. Les auteurs modernes ont quelquefois renversé ce rapport et comparé des objets sensibles à des objets immatériels. On lit dans Télémaque : « Les vents commen« cèrent à s'apaiser, et la mer mugissante ressemblait « à une personne qui, ayant été long-temps irritée, n'a « plus qu'un reste de trouble et d'émotion. Elle grondait « sourdement, etc. » Un illustre écrivain de nos jours a comparé une colonne debout dans un désert à une grande pensée solitaire dans le cœur d'un homme malheureux.

Quand on compare deux objets, il faut choisir les points de contact et abandonner tout le reste. La *comparaison* doit cesser où cesse le rapport. Homère se laisse souvent entraîner au plaisir de compléter un tableau par des traits parfaitement étrangers au premier terme de la *comparaison*. Mais chez les nations modernes qui jugent tout avec une raison sévère, cette abondance serait condamnée.

Les *comparaisons* pèchent par défaut de *justesse* : l'auteur alors s'est mépris sur la ressemblance de deux objets, et a rapproché des choses incohérentes. Par défaut de *force* : c'est lorsque le second terme du rapport ne rend qu'imparfaitement l'idée que nous nous faisons du premier. Indigne de ce parallèle, il rapetisse ce qu'il devait aggrandir, et affaiblit l'impression que l'on aurait sans lui. Par défaut de *noblesse* : une comparaison basse dégrade le premier objet du rapport. On a reproché à Virgile d'avoir comparé Amate, agitée par les plus vives inquiétudes, à une toupie que l'enfant fouette sans relâche. Par défaut de *convenance* : la *comparaison* ne peut pas s'employer indistinctement dans tous les cas. Placée mal à propos, elle est du plus mauvais goût; dire qu'elle marque toujours un travail de l'esprit, c'est la proscrire de tous les cas où l'on ne demande qu'un élan du cœur. Pour en déterminer l'emploi, nous ne saurions mieux faire que de citer les judicieuses observations de Marmontel. « Plus l'âme est occupée de son objet direct,
« moins elle regarde autour d'elle; plus le mouvement
« qui l'emporte est rapide, plus il est impatient des ob-
« stacles et des détours; enfin, plus le sentiment a de
« chaleur et de force, plus il maîtrise l'imagination et
« l'empêche de s'égarer. Il s'ensuit que la narration tran-
« quille admet des *comparaisons* fréquentes; qu'à mesure
« qu'elle s'anime, elle en veut moins, les veut plus con-
« cises et aperçues de plus près; que dans le pathétique
« elles ne veulent être qu'indiquées par un trait rapide;
« et que s'il s'en présente quelques-unes dans la véhé-
« mence de la passion, un seul mot les doit exprimer. »

CHAPITRE XVIII.

DE L'IMITATION.

O imitatores, servum pecus!
a dit Horace, et par là il a condamné ces écrivains timides qui, se traînant toujours sur les traces des autres, n'osent avoir une pensée qui leur appartienne, et dont l'esprit inactif et stérile n'est occupé qu'à choisir entre leurs dépouilles. Mais Horace, qui lui-même devait tant aux Grecs, savait bien pardonner une *imitation* légitime, celle qui consiste à s'approprier la pensée d'un auteur pour la reproduire avec avantage.

On juge plus sévèrement celui qui dérobe la pensée d'un compatriote que celui qui emprunte celle d'un étranger. Le premier ne saurait conserver le tour, l'expression de son modèle. Il doit se pénétrer du sens, puis écrire avec liberté et sans une servile préoccupation. Le second peut ajouter le style à sa conquête. Virgile imita Lucrèce et Catulle, mais il sut les surpasser. Il fut lui-même imité par les poètes qui vinrent après lui, mais presque toujours ils échouèrent dans cette lutte périlleuse.

Quand leur *imitation* est trop littérale, elle doit être critiquée. Virgile avait dit :

Stat sonipes, ac frena ferox spumantia mandit.

Stace le copie :

Stat sonipes, vexatque ferox humentia frena.
Tauri spirantes naribus ignem. V.
Tauri Vulcanum naribus efflant. O.

Nous allons voir une *imitation* plus libre. Lucain décrivant les prodiges qui annoncèrent la guerre civile, a sans cesse Virgile devant les yeux :

> Ignota obscuræ viderunt sidera noctes,
> Ardentemque polum flammis, cœloque volantes
> Obliquas per inane faces, crinemque tremendi
> Sideris, et terris mutantem regna cometen.
> Fulgura fallaci micuerunt crebra sereno.

Ces vers sont une longue paraphrase de ceux-ci :

> Non aliàs cœlo ceciderunt plura sereno
> Fulgura, nec diri toties arsère cometæ.

Et les suivans :

> Ipse caput medio Titan quùm ferret Olympo,
> Condidit ardentes atrâ caligine currus,
> Involvitque orbem tenebris, gentesque coëgit
> Desperare diem : qualem fugiente per ortus
> Sole Thyesteæ noctem duxère Mycenæ.
> Ora ferox Siculæ laxavit Mulciber Ætnæ.
>   Flebile sævi
> Latravère canes.
>   Veteremque jugis notantibus Alpes
> Discussère nivem.
> Tùm pecudum faciles humana ad murmura linguæ.

rappellent ceux de l'auteur des Géorgiques :

> Ille etiam extincto miseratus Cæsare Romam,
> Quùm caput obscurâ nitidum ferrugine texit,
> Impiaque æternam timuerunt sæcula noctem.
>   Quoties cyclopum effervere in agros
> Vidimus undantem ruptis fornacibus Ætnam,
> Flammarumque globos liquefactaque volvere saxa !
> Obscœnique canes, importunæque volucres
> Signa dabant.
>   Insolitis tremuerunt motibus Alpes.
>   Pecudesque locutæ.

Claudien parle des chevaux que Neptune destine à Honorius et à son frère :

> Vobis Ioniâ virides Neptunus in algâ
> Nutrit equos, qui summa freti per cærula possent
> Ferre viam, segetemque levi percurrere motu,
> Nesciat ut spumas, nec proterat ungula culmos.

Qui ne redit à l'instant ces vers si connus, qui expriment la légèreté de Camille :

> Illa vel intactæ segetis per summa volaret
> Gramina, nec teneras cursu læsisset aristas;
> Vel mare per medium, fluctu suspensa tumenti,
> Ferret iter, celeres nec tingeret æquore plantas. V.

Cette peinture charmante de la ressemblance de deux frères jumeaux,

>   Simillima proles,
> Indiscreta suis, gratusque parentibus error. V.

a fourni au même poète le modèle des vers suivans :

>   Juvat ipse Tonantem
> Error, et ambiguæ placet ignorantia matri :
> Eurotas proprios discernere nescit alumnos.

Nous comparerons encore le tableau d'Encélade :

> Fama est Enceladi semiustum fulmine corpus
> Urgeri mole hâc, ingentemque insuper Ætnam
> Impositam ruptis flammam expirare caminis;
> Et, fessum quoties mutat latus, intremere omnem
> Murmure Trinacriam, et cœlum subtexere fumo. V.

> In medio scopulis se porrigit Ætna perustis,
> Ætna Giganteos nunquàm tacitura triumphos,
> Enceladi bustum, qui, saucia membra revinctus,
> Spirat inexhaustùm flagranti pectore sulphur,
> Et quoties detrectat onus cervice rebelli
> In dextrum lævumque latus, tunc insula fundo
> Vellitur, et dubiæ nutant cum mœnibus urbes. Cl.

Parmi les poètes qui ont imité Virgile, on remarque surtout Silius Italicus. Non content de dérober à son devancier des conceptions importantes, il copie encore ses tournures, et ne fait que changer l'expression qu'il affaiblit. Dans Virgile, Vénus apparaît à Énée, lui montre tous les Dieux conjurés contre Troie, et lui ordonne de céder à la destinée. Dans Silius, c'est Junon qui se présente à Annibal, pour qu'il s'éloigne de Rome :

> Aspice : namque omnem quæ nunc obducta tuenti
> Mortales hebetat visus tibi, et humida circùm
> Caligat, nubem eripiam. V.
> En age, namque oculis amotâ nube parumper
> Cernere cuncta dabo. Sil.
> Hic ubi disjectas moles, avulsaque saxis
> Saxa vides, mixtoque undantem pulvere fumum,
> Neptunus muros, magnoque emota tridenti
> Fundamenta quatit. V.
>   Surgit quà celsus ad auras,
> Adspice, montis apex, vocitata palatia regi
> Parrhasio, plenâ tumet en resonante pharetrâ,
> Intenditque arcum, et pugnas meditatur Apollo. Sil.

Les modernes qui s'exercent dans la poésie ancienne peuvent, sous le rapport de la forme, être moins timides dans leur *imitation*. Une expression, une tournure heureusement empruntées, ont pour nous beaucoup de charme. Nous applaudissons à cet ingénieux larcin qui nous fait jouir de nos réminiscences.

Vida, dans sa poétique, a joint l'exemple au précepte.

> Quàm verò cultis moliris furta poëtis
> Cautiùs ingredere, et *raptus* memor *occule versis*
> Verborum *indiciis*, atque ordine falle legentes
> Mutato. Nova sit facies, nova prorsùs imago.

Virgile, parlant de Cacus qui déroba les troupeaux d'Hercule, a dit :

> Atque hos, ne qua foret pedibus vestigia rectis,

> Caudâ in speluncam tractos, *versisque viarum*
> *Indiciis raptos*, saxo *occultabat* opaco.

Rollin, ayant fait admirer ce vers dans lequel Virgile peint le dernier effort d'Eurydice ravie à son époux :

> Invalidasque tibi tendens, *heu ! non tua*, palmas.

ajoute : « Ce mot me fait souvenir de deux beaux vers « qu'un écolier fit en rhétorique au collége du Plessis. Il « s'agissait de décrire le retour empressé de saint An- « toine vers saint Paul, qui était mort depuis que le pre- « mier l'avait quitté. Le jeune poète, après avoir marqué « l'empressement de saint Antoine pour aller retrouver « son saint et respectable ami, l'apostrophait ainsi :

> Quid facis, Antoni? jam friget Paulus, et altas,
> Immistus superis, *nec jam tuus*, attigit arces.

Je crois que nous n'avons rien à envier à de pareilles *imitations*. J'en citerai un assez grand nombre d'exemples, tant dans l'intérêt des élèves, que pour l'honneur de notre université. Ils seront puisés pour la plupart dans les *Annales des concours généraux*.

1° Quelquefois on se contente d'emprunter au poète une expression saillante.

DOTALIS.

> *Dotalesq*ue tuæ Tyrios permittere dextræ. V.
>   At si adeò *dotalis* regia cordi est. V.
> Accepit *dotale* chaos. (Proserpina) CLAUD.

Une religieuse reçoit au ciel la récompense de sa piété et de ses bienfaits :

> Defunctam terris coelum *dotale* recepit [1].

---

(1) Sophocle fait dire à Antigone : ἀλλ' Ἀχέροντι νυμφεύσω.

Médée, en proie à la fureur et au repentir, dit à Jason :

Attuleram *dotale* scelus, mihi pectora redde
Innocua, et dulces in avitis ædibus annos.

Uxorius.

Pulchramque *uxorius* urbem
Extruis.

dit Virgile en parlant d'Enée, que captive le séjour de Carthage :

Uxorius amnis

a dit Horace, en parlant du Tibre qui, par ses ravages, veut consoler Ilie de la mort de César.

Eve dit avec douleur à son époux :

Heu! malesuada pium tantis, *uxorie* conjux,
Eva malis onerat, communique objicit hosti.

Cet exemple renferme une autre imitation. Didon adresse à sa sœur ces reproches :

Tu lacrymis evicta meis, tu prima furentem
His, germana, malis oneras, atque *objicis hosti.* V.

Rimosus.

Horace parle de secrets que l'on peut confier à l'indiscrétion :

Et quæ *rimosâ* benè deponuntur in *aure.*

Empédocle a tenté vainement d'inspirer un amour durable pour la sagesse.

Continuò fugit *rimosas* missa per *aures*
Vox pia.

2° D'autres fois on prend dans un poète plusieurs mots qu'on emploie à peu près dans le même sens.

Dieu soumet à Clovis la barbarie des Gaulois :

Posuère *ferocia* Galli
Corda volente Deo.

IMITATION.

> Ponuntque *ferocia* Pæni
> Corda, *volente Deo.* V.

Deo veut dire ici *Mercure*.

On a dit, en parlant du sentier qui conduit au Calvaire,

> *Quem semper acerbum*
> *Semper honoratum* Christi fecère dolores.

Enée va célébrer l'anniversaire de la mort d'Anchise :

> Jamque dies, ni fallor, adest, *quem semper acerbum*
> *Semper honoratum*, sic Dî voluistis, habebo.

Une prêtresse annonce la victoire de Salamine :

> Te Marathon rediviva vocat ; *jam partus* Athenis
> Alter Miltiades.

La sibylle prédit les exploits de Turnus :

> Alius Latio *jam partus* Achilles. V.

Gloire usurpée des conquérans :

> Ergò homines pariterque bonos, pariterque nocentes
> Gaudemus *fecisse Deos, cœloque locamus.*
> Nullum numen abest, si sit prudentia. Sed te
> Nos *facimus*, Fortuna, *Deam, cœloque locamus.* Juv.

3º Tantôt on emprunte une tournure, un mouvement.

Cerbère luttant contre Hercule :

> Latratus *ciet* horrendos, *quibus* Orcus, et omnes
> Intremuére umbræ, Stygiique exterrita latè
> Regia cæca dei.

Dans Virgile, Polyphème :

> Clamorem immensum *tollit, quo* pontus et omnes
> Intremuére undæ, penitùsque exterrita tellus
> Italiæ, curvisque immugiit Ætna cavernis.

Une mère s'élance pour sauver sa fille qui va devenir la proie des flammes :

> Atria per mediosque ignes prorumpit, et æstum
> Horrendum, *sciret si* quidquam horrescere mater!

Orphée, contre l'ordre de Proserpine, a regardé son épouse :

> Quùm subitò incautum dementia cepit amantem,
> Ignoscenda quidem, *scirent si* ignoscere manes ! V.

Dans une prière qui respire la douleur, le duc de Berry accepte pourtant cette consolation :

> *Quanquam o !* nata mihi soboles si prima maneret !

Virgile, décrivant la course des vaisseaux, fait dire à Mnesthée :

> Non jam prima peto Mnestheus, neque vincere certo.
> *Quanquam o !...* sed superent quibus hoc, Neptune, dedisti.

4° Tantôt c'est un effet poétique, l'harmonie générale d'un passage, une suspension, une coupe, une répétition que l'on imite.

Ce vers où Médée exprime l'effroi que lui inspire sa patrie :

> Et loca femineos nunquàm tacitura furores,

abstraction faite de la ressemblance des mots, offre à l'oreille la même cadence que celui-ci :

> Ætna giganteos nunquam tacitura furores. Claud.

L'harmonie de ce passage de Virgile :

> Non cœptæ assurgunt turres, non arma juventus
> Exercet, portusve aut propugnacula bello
> Tuta parant : pendent opera interrupta, minæque
> Murorum ingentes, æquataque machina cœlo.

est reproduite dans ces vers :

> Hic Sidoniæ tutamina gentis
> Murorum moles, et fundamenta, minæque
> Ingentes stabant, et propugnacula firmo
> Aggere.

Une baleine atteinte d'un coup mortel :

> Apparet medio ceu naufragus Oceano *mons*.
> Præruptus aquæ *mons*. V.

Une mère qui vient de sauver une de ses filles de l'incendie, s'aperçoit que l'autre n'a point suivi ses pas :

> Mater abit; jamque infensos evaserat ignes,
> Et subitò lóca tuta tenens *respexit*; ibi alter
> Luctus adest miseræ.

Cette suspension est heureusement empruntée à Virgile. Orphée regarde Eurydice :

> Restitit, Eurydicenque suam jam luce sub ipsâ,
> Immemor heu! victusque animi *respexit* : ibi omnis
> Effusus labor.

Hercule aperçoit la caverne du lion de Némée :

> Vix oculis specus horrendum sese obtulit, omnes
> Continuere gradum attoniti, et trepidantia turbæ
> Corda repentinus stravit *pavor*[1].

A l'approche d'un orage :

> Terra tremit, fugere feræ, et mortalia corda
> Per gentes humilis stravit *pavor*. V.

Le chien de chasse a découvert sa proie :

> Consciaque inventi, dominum increpitare videtur
> *Cunctantem*.
> Corripit extemplò Æneas, avidusque refringit
> *Cunctantem* (*aureum ramum*). V.

---

[1] Ces vers font partie d'une pièce qui a obtenu le premier prix en seconde au concours de 1809. M. Laransa, qui en est l'auteur, vient d'être enlevé, dans la fleur de la jeunesse, à la science, à la vertu, à l'amitié. Nous sommes heureux de pouvoir déposer sur sa tombe ce faible tribut de notre estime, de notre affection, de nos regrets. Quelques lignes, et le souvenir de ses savantes leçons et de ses qualités modestes, voilà tout ce qu'il a légué à la terre.

Pierre-le-Grand s'écrie devant le tombeau de Richelieu :

>Facit admiratio civem.
>Facit indignatio versum. Juv.

Herculanum sort de ses ruines :

>Urbs ignota diù, tacitis rediviva ruinis
>Surgit, et insolitæ moles, turresque sepultæ
>*Cœlo ostenduntur.*

On voit dans l'épisode de Cacus :

>Abstractæque boves, abjurataeque rapinæ
>*Cœlo ostenduntur.* V.

Eve exilée du Paradis, dit avec amertume :

>*Terra, horrida terra*
>Expulsos manet.
>*Bella, horrida bella,*
>Et Tibrim multo spumantem sanguine cerno. V.

Regrets d'Ariane :

>*Thesea* voce vocat perjurum; *Thesea* longùm
>Dixerunt sylvæ; respondet *Thesea* littus.
>*Flebile* nescio quid queritur lyra; *flebile* lingua
>Murmurat exanimis; respondent *flebile* ripæ. O.

Lorsqu'on détourne le sens d'un passage, cette allusion offre beaucoup de charme.

Dans une fête de village, un paysan consulte sa bourse pour voir ce qu'il peut dépenser :

>Mox ubi consuluit *quid ferre* crumena *recuset,*
>*Quid valeat.*

Horace recommande à l'écrivain de bien mesurer ses forces :

>Et versate diù *quid ferre recusent,*
>*Quid valeant* humeri.

Virgile avait dit en parlant d'une tempête :

> Continuò ventis surgentibus, aut freta ponti
> *Incipiunt agitata tumescere*, et aridus altis
> Montibus audiri fragor.

Ce passage a été appliqué aux orages des passions :

> Ille homini, miserà si quandò libidine corda
> *Incipiunt stimulata tumescere*, dexter adhæret
> Usque comes (*animus*).

Dans la prière du duc de Berry, dont nous avons déjà parlé, on trouve encore ce vers :

> Ut videam Gallos *famæ melioris amantes*.

Dans Virgile, *amantes* est un substantif qui prend lui-même une épithète, et le sens de la phrase est tout-à-fait opposé :

> Audiit Omnipotens, oculosque ad mænia torsit
> Regia, et oblitos *famæ melioris amantes*.

Ce n'est que lorsqu'on détourne un vers du sens de l'auteur, qu'il est permis de l'emprunter en entier. Vida parle d'une certaine composition de mots qui est plutôt dans le génie de la langue grecque que dans celui de la langue latine :

> Argolici, quos ista decet concessa libido,
> *Talia connubia, et tales celebrent hymenæos*.

Ce dernier vers, auquel on a donné ici un sens figuré, est pris au propre dans Virgile.

On a dit d'un écolier :

> Musarum Phœbique recens doctoris alumnus,
> Postquàm *longa decem tulerant fastidia menses*.
> Matri *longa decem tulerunt fastidia menses*. V.

On sent la nécessité de connaître les poètes latins,

et surtout Virgile, dont le lecteur se souviendra plutôt. Les odes d'Horace offrent aussi une source féconde d'heureuses *imitations*. Qu'on tâche de transporter quelques-unes de ses expressions dans le vers hexamètre ; c'est une conquête légitime.

SECONDE PARTIE.

DES DIFFÉRENTES ESPÈCES DE VERS.

DU VERS HEXAMÈTRE.

Le plus beau, comme le plus ancien de tous les vers est le vers *hexamètre* ou *héroïque*. L'invention en a paru si miraculeuse, qu'on l'a attribuée aux Dieux. N'est-ce pas en effet un phénomène bien frappant, que le génie des Grecs ait trouvé, au berceau de l'art, ce rhythme si harmonieux qui est une des plus belles conceptions de l'esprit humain [1]?

Le vers *hexamètre* convient à tous les sujets, se prête à tous les tons. Le domaine des autres vers, comme nous le verrons, est plus limité: ils ont une destination propre et exclusive; mais aucune matière n'est interdite au vers *hexamètre*. Nous le verrons dans Virgile approprié au langage naturel et naïf de l'éclogue, simple et précis du poème didactique, noble et majestueux de l'épopée. On le comparerait mal à notre vers *alexandrin*. Le vers français a une pompe qui lui est inhérente, et son harmonie, toujours un peu emphatique, le rend moins propre à la poésie légère. Le vers latin au contraire sait descendre de sa dignité, et partage le privilége des autres rhythmes qui sont consacrés aux sujets familiers ou gracieux.

---

[1] Les érudits en rapportent l'origine à *Phémonoé*, première prêtresse de Delphes (Pausan. x, 5, 4; Proclus, Chrestom apud Phot., pag. 340; Eustath. ad Iliad. pag. 4, 1.) Ennius fut le premier qui l'introduisit chez les Romains.

CHAPITRE XIX.

COMMENT ON DOIT FINIR LE VERS HEXAMÈTRE.

On appelle avec raison l'attention des jeunes gens sur les deux pieds qui terminent le vers *hexamètre*. L'oreille en juge sévèrement l'harmonie.

RÈGLE GÉNÉRALE. Le dernier mot du vers *hexamètre* doit être un mot de deux ou de trois syllabes :

Conticuère omnes, intentique ora *tenebant*.
Indè toro pater Æneas sic orsus ab *alto*. V.

Remarques. 1° Un vers peut finir quelquefois par deux monosyllabes, ou par le verbe *est* précédé d'une élision.

Versibus exponi tragicis res comica *non vult*. H.
Corripiunt, spirisque ligant ingentibus, *et jam*
Bis medium amplexi. V.
Grammatici certant, et adhuc sub judice *lis est*. H.
Quæ postquàm vates sic ore effatus amico *est*. V.
Una dolo Divûm si femina victa duorum *est*. V.

Les monosyllabes *que* et *ve* se mettent très bien à la fin du vers :

O qui res hominumque Deûm*que*
Æternis regis imperiis. V.
Si quis in adversum rapiat casus*ve* Deus*ve*. V.

C'est qu'en effet ces mots ne sont plus des monosyllabes ; ils s'incorporent avec le mot précédent, et forment avec lui un mot de deux ou de trois syllabes.

Ces cas exceptés, les monosyllabes doivent être proscrits de la fin du vers, et il est mal de dire :

Nam pro jucundis amplissima quæque dabunt *Di*. H.

Nil ergò optabunt homines, si consilium *vis*. H.
Nam mihi continuò major quærenda foret *res*. H. [1]

2° Il faut éviter avec grand soin de finir par un mot de quatre syllabes, composé de deux brèves et de deux longues, comme dans les vers suivans :

Quot capitum vivunt, totidem *studiorum*
Millia. H.
Quùm populum gregibus comitum premat hic *spoliator*. J. [2]

Cependant il est permis de mettre à cette place un mot de quatre syllabes, si ce mot est un nom propre ou un nom de matière : *hymenæi*, *ululatus*, sont aussi consacrés par l'exemple des poètes :

Dic mihi, Damæta, cujum pecus? an *Melibæi?* V.
In foribus pugnam ex auro solidoque *elephanto*
Gangaridûm faciam. V.

Les vers *hypermètres* dont nous avons parlé plus haut, (chap. XIV, pag. 72), finissent pour l'œil par un mot de quatre syllabes, mais réellement par un mot de trois, puisque la dernière est élidée. La règle générale ne leur est donc pas applicable, et l'on met bien :

Et magnos membrorum artus, magna ossa *lacertosque*
Exuit. V.

Le vers spondaïque, à peu d'exceptions près, finit aussi par un mot de quatre syllabes :

Cara Jovis soboles, magnum Jovis *incrementum*. V.

On trouve à la vérité dans Virgile :

Cum sociis, natoque, penatibus et magnis *Dis*.

---

(1) Nous parlerons plus tard de quelques exemples où les poètes ont à dessein violé cette règle, pour produire un effet.
(2) Voyez la note à la fin du volume.

> In bustis, aut culminibus *desertis*
> Nocte sedens, serùm canit importuna per umbras.

Mais ces exemples très rares ne détruisent pas la règle. Il en est une autre qu'il faut également respecter : c'est de toujours mettre, dans le vers spondaïque, un dactyle au quatrième pied, malgré l'exemple suivant, et quelques autres de Virgile :

> Saxa per, et scopulos, et *depressas* convalles.

3° On doit encore bannir de la fin du vers les mots de cinq syllabes, tels que ceux-ci :

> Ipse sibi primus laudem parit *ingeniosi*. H.
> Te nostris ducibus, te Graiis *anteferendo*. H.
>   Ut linguas *mancipiorum*

Contemnas. J.

4° Enfin les mots de six syllabes, comme :

> Quisquis luxuriâ, tristive *superstitione*,
> Aut alio mentis morbo calet. H.

Si nous examinons maintenant les mots, non plus par rapport à leur quantité, mais par rapport à leur nature, nous reconnaîtrons que le mot qui termine le plus souvent le vers *hexamètre* est le substantif, parce que le substantif est le mot qui joue le rôle le plus important dans la phrase. Après le substantif, le mot qui occupe le plus communément cette place est le verbe, mot indispensable aussi à l'expression de l'idée.

Voilà ce qu'il y a de plus général ; ensuite le bon sens même indique qu'il serait bien difficile, et même bien monotone de reproduire sans cesse à la fin du vers l'un de ces deux mots, et l'on y trouve admises de temps en temps les autres parties du discours. Une autre raison vient se joindre à celles-ci : très souvent la phrase latine ne finit pas avec le vers ; alors les mots qui le terminent perdent de leur intérêt, et l'attention se fixe plus particulièrement sur les mots rejetés, ce qui fait que l'on est moins exigeant pour la fin du vers. Par exemple nous voyons dans Virgile :

> Portantur *avari*
> Pygmalionis opes.

Personne ne s'avise de censurer le mot *avari* placé à la fin du vers. Si l'auteur eût mis :

> Pygmalionis opes portantur *avari*.

l'épithète ressortirait trop, et paraîtrait faible.

Quelquefois le poëte réserve à dessein une épithète pour terminer le vers et la phrase. C'est qu'alors il en attend un effet :

> Eripiunt subitò nubes cœlumque diemque
> Teucrorum ex oculis : ponto nox incubat *atra*. V.
> Et malæ texere lupi cum dentibus *albis*. V.

Ces deux épithètes font image.

Que de goût dans la place des suivantes ! Neptune irrité gourmande les vents déchaînés sans son ordre :

> Maturate fugam, regique hæc dicite *vestro*. V.

Il y a une ironie amère dans l'importance donnée à ce mot.

Latinus prédit à Turnus le sinistre avenir qui l'attend :

> O miseri ! te, Turne, nefas, te triste manebit
> Supplicium, votisque Deos venerabere *seris*. V.

L'inutilité des prières tardives que Turnus adressera aux Dieux, voilà le point capital de l'idée, et c'est ce que fait habilement ressortir l'épithète rejetée à la fin du vers.

Juvénal veut faire une peinture ridicule d'Annibal passant les Alpes. Il dit :

> O qualis facies, et quali digna tabellá,
> Quùm Gætula ducem portaret bellua *luscum* !

Toute l'idée porte sur ce seul mot *luscum*. Jusque là l'esprit est en suspens, et ne sait s'il doit prendre au sérieux le tableau pompeux du poète. Dans le dernier mot éclate le sarcasme.

Servius, commentateur de Virgile, blâme les participes présens placés à la fin du vers, tels que ceux-ci :

> Talia flammato secum Dea corde *volutans*. V.
> At pius Æneas per noctem plurima *volvens*. V.

Cette défense est trop sévère, et nous les trouvons assez employés par les poètes, pour qu'on puisse se les permettre quelquefois.

~~~~~~~~~~~~~~~~~~~~~~~~~~~~~~~~

CHAPITRE XX.

DE L'ÉLISION.

Les *élisions*, à moins qu'elles ne soient d'une dureté choquante, ne produisent point un mauvais effet, et les poètes du second ordre les ont évitées avec une affectation puérile. Virgile, dans les ouvrages mêmes auxquels il a mis la dernière main, et Horace, dans ses odes, en font un assez fréquent usage. Elles donnent de la variété au vers, qui, sans elles, finit par être monotone. Il ne faut pas croire qu'un vers est d'autant plus dur qu'on y trouve plus d'*élisions*. Il y en a trois dans chacun des suivans, et cependant ils sont très coulans :

> Quis cultus habendo
> Sit pecor*i*, atqu*e* apibus quant*a* experientia parcis. V.
> Nùm flet*u* ingemuit nostr*o*, aut miseratus amant*em* est? V.

Au contraire une seule *élision* peut être choquante, comme nous le verrons bientôt.

1° Si la voyelle *élidée*, et celle qui commence le mot

suivant sont les mêmes, l'*élision* n'a rien de désagréable
à l'oreille :

    Ill*e e*go qui quondàm gracili modulatus avenà
    Carmen. V.
    Flumin*a a*mem, sylvasque inglorius. V.
                                    Secura sub altà
    Oti*a a*gunt terrà. V.
    Solus ub*i i*n sylvis Italis ignobilis*æ æ*vum
    Exigeret. V.

2° Il faut éviter l'*élision* des monosyllabes. (Nous avons prévenu que nous ne regardions pas comme tels les mots *que* et *ve*, puisqu'ils font partie du mot précédent) :

    Saxa vocant Itali mediis *quæ* in fluctibus aras
    Dorsum immane mari summo. V.
    Vivendum rectè, quùm propter plurima, tùm *de* his
    Præcipuè causis, ut linguas mancipiorum
    Contemnas. J.
    Si quis ad illa Deus subitò *te* agat, usque recuses. H.

Le pronom *se* semble devoir être excepté de cette règle. Parmi les nombreux exemples où on le trouve *élidé*, nous en choisirons quelques-uns où, par un léger déplacement de mots, le poète eût évité cette *élision*, s'il l'eût voulu :

    Quarto terra die primùm *se* attollere tandem
    Visa. V.
    Ænean hominum quisquam Divûmque subegit
    Bella sequi, aut hostem regi *se* inferre Latino ? V.
    Sed sublime volans, nubi *se* immiscuit atræ. Stat.

L'*élision* d'un monosyllabe est bien plus vicieuse encore au commencement du vers :

    S*i* ad vitulam spectes, nihil est quod pocula laudes. V.
                      Tam cernis acutum
    Qu*àm* aut aquila aut serpens. H.
    D*ùm* ex parvo nobis tantumdem haurire relinquas. H.

3° On doit bannir du vers *hexamètre* les mots qui ne peuvent y entrer qu'à l'aide d'une *élision* :

> *Naufragum* et ejectum spumantibus æquoris undis
>   *Sublevem*, et à mortis limine restituam. Cat.
> O curvæ in terris animæ, *et cœlestium* inanes! Pers.

4° L'*élision* au commencement du sixième pied est très dure :

>   Ridicul*um* acri
> Fortiùs ac meliùs magnas plerumque secat *res*. H.
> Scribendi rectè sapere est et principi*um* et fons. H.

Que et *ve* font toujours exception, et ce vers :

> Hùc ferus atque illùc animum pallentia*que* irâ
> Ora ferens. Stat.

offre une *élision* qui n'a rien de condamnable.

On trouve assez souvent à la fin du vers le verbe *est* précédé d'une *élision* :

> O cives! cives! quærenda pecunia primùm *est*! H.

4° Il faut rarement se permettre l'*élision* au commencement du cinquième pied, comme :

> Sub galli cantum consultor *ubi* ostia pulsat. H.
> Quid facias illi? jubeas miser*um* esse, libenter
> Quatenùs id facit. H.

Cependant si la syllabe *élidée* était brève, l'élision pourrait être permise :

> Exercete, viri, tauros, seri*te* hordea campis. V.
> Tùm Zephyri posuere, premit placid*a* æquora pontus. V.
> Egregiam verò laudem, et spoli*a* ampla refertis. V.

à plus forte raison *que* et *ve* peuvent s'*élider* sur le cinquième pied :

>   Peritura*que* addere Trojæ
> Teque tuosque juvat. V.

ÉLISION.

5° Le cinquième pied ne souffre guère d'*élision*. On peut imiter celles-ci :

Ast importunas volucres in vertice arundo
Terret fixa, vetatque novis considere in hortis. H.

mais en voici qu'il faut éviter avec soin :

Videas meta*to* in agello. H.
Quùm umbræ resonarent tris*te* et acutum. H.
Non *ego* avarum
Quùm veto te fieri, vappam jubeo ac nebulonem. H.

l'oreille n'est pas satisfaite, en entendant le dactyle ainsi composé.

Nous aurons occasion de parler encore de l'*élision* à propos de l'harmonie imitative. Nous verrons alors quels effets le poëte peut en tirer pour peindre la nature.

CHAPITRE XXI.

DE LA CÉSURE.

C'est elle qui donne aux vers leur harmonie. Si chaque pied était composé d'un mot complet, le vers paraîtrait décousu, et le rhythme serait rompu à chaque instant. La *césure* est comme une chaîne qui lie les pieds les uns aux autres : elle donne au vers une marche soutenue, et l'oreille distingue sans efforts quand il finit; ce qui serait pour elle un travail, si tous les pieds étaient isolés. Le vers *hexamètre* peut avoir trois *césures*. Exemple :

Inton*si* crines long*a* cervice fluebant. V.
Infe*lix* Pria*mus* fur*tim* mandârat alendum
(Polydorum). V.

On sait qu'une seule suffit, quand elle est placée après le second pied. Exemple :

Vitaque cum gemitu fugit indignata sub umbras. V.
Ludit in humanis divina potentia rebus. O.

2° Les vers qui ont deux *césures*, dont l'une est placée après le premier pied, et l'autre après le troisième, offrent une heureuse harmonie que les poètes du second ordre ont souvent recherchée. Exemple :

Aëriæ fugére grues. V.
Despiciens mare velivolum. V.
Erravit sine voce dolor. Luc.

Observons que, dans ce cas, le troisième pied doit être un dactyle, ou le vers sera lourd :

Si curat cor spec antis tetigisse querelâ[1]. H.

Rien n'est plus désagréable à l'oreille qu'un vers où l'on trouve, après la *césure* du premier pied, un mot de

---

(1) Cette règle, comme toutes les autres, doit fléchir quelquefois devant une règle plus importante encore, celle de l'arrangement des mots exigé par le goût. Nous voyons dans Virgile :

Accelerat simul Æneas.

Il est probable qu'il eût mis :

Æneas simul accelerat.

Si l'idée se fût arrêtée là ; mais le reste du vers demandait la construction adoptée par le poète :

Accelerat simul Æneas ; simul *agmina* Teucrûm.

La même remarque s'applique au vers suivant :

Et nunc terga fugâ nudant.

Et *nudant nunc terga fugâ*,

aurait eu moins de lenteur ; mais le style demandait :

Et *nunc* terga fugâ nudant, *nunc* spicula vertunt
Infensi. V.

quatre syllabes longues, dont par conséquent la dernière fait *césure* :

Lectorem delectan*do*, pariterque monendo. H.
Aversus mercaturis delirus et amens
Undique dicatur. H.

3° On doit bien se garder de mettre une *césure* au cinquième pied, telle que celles-ci :

Semper ut inducar, blandos of*fers* mihi vultus. Tib.
(Pater) servavit ab omni
Non solùm facto, verùm opprobrio quoque turpi. H.

Nous avons remarqué (chap. xix, pag. 127) que certains mots de quatre syllabes peuvent finir le vers. Dans ce cas, la *césure* au cinquième pied est justifiée :

Ille latus niveum molli ful*tus* hyacintho. V.

4° En défendant de finir un vers par un monosyllabe, nous avons d'avance condamné la *césure* au sixième pied. Exemple :

Si forte vi*rum* quem
Conspexere, silent. V.
Atque animos aptent armis, pugnæque pa*rent* se. V.

5° Les vers qui n'ont point de *césure*, ou qui n'en ont qu'une, soit après le premier pied, soit après le troisième, comme nous allons le voir, sont défectueux.

Sparsis hastis longis campus splendet et horret. Enn.
Quâ signa sequendi
Falleret indeprensus, et irremeabilis error. V.
Præter cætera, Romæ mene poëmata censes
Scribere posse ? H.
Femi*neum* clamorem ad cœli sidera tollit. V.
Non qui*vis* videt immodulata poëmata judex. H.
Addam cerea pruna, et hono*s* erit huic quoque pomo. V.
Ut ridentibus arri*dent*, ità flentibus adflent
Humani vultus. H.

6° On dit communément qu'un monosyllabe peut tenir lieu de *césure*. Cette règle énoncée aussi généralement peut facilement induire en erreur. Il s'ensuivrait que ce vers aurait une *césure* :

> Præter cætera, *me* Romæne poëmata censes
> Scribere posse? H.

Celui-ci en aurait deux :

> Nobis *non* res, rerum *sed* conceditur usus. H.

Celui-ci en aurait trois :

> Sed nunc *non* erat *his* locus : *et* fortasse cupressum
> Scis simulare. H.

Cependant tous ces vers manquent d'harmonie. Voici la règle qu'il faut suivre à cet égard. Quand le monosyllabe est tellement dépendant du mot précédent, qu'ils sont liés par la prononciation, et semblent ne faire qu'un seul mot, la *césure* est alors suffisante. Exemple :

> Duc, age, duc ad *nos* ; fas illi limina Divûm
> Tangere. V.
> Opprime, dùm nova *sunt*, subiti mala semina morbi. O.
> Flebile nescio *quid* queritur lyra. O.
> Jura, fides, ubi *nunc*, commissaque dextera dextræ ? O.
> Si scelus intrà *se* tacitum quis cogitat ullum,
> Facti crimen habet.[1] Juv.

Quand une élision tombe sur le verbe *est*, il peut servir de *césure* :

> Vilius argentum *est* auro, virtutibus aurum. H.
> Quin etiam fama *est*, quum crastina fulserit Eos. O.

---

[1] Le mot qui précède le monosyllabe est alors un véritable *proclitique* (προκλίνω), parce qu'il se penche, pour ainsi dire, en avant, et s'appuie sur le mot qui suit. Voyez sur les *proclitiques* et les *enclitiques* (ἐγκλίνω), qui s'appuient sur le mot précédent, l'excellente grammaire grecque de M. Burnouf.

OBSERVATIONS. Il faut bien comprendre l'intention de la *césure*. On la demande, parce que l'oreille exige un enchaînement entre les premiers pieds d'un vers; si cet enchaînement existe, elle est satisfaite, quoique cependant les règles générales ne soient pas rigoureusement respectées [1]. Il est à propos de faire les remarques suivantes.

1° Une *césure* placée après le troisième pied suffit, quand le premier est séparé du second par un signe de ponctuation :

Avolat ipse
Haud mora, conversisque fugax aufertur habenis. V.
Sternitur, exanimisque tremens procumbit humi bos. V.

2° Quoique les mots *que* et *ve* empêchent la *césure*, s'ils sont élidés, le vers marche très bien :

Non sic aggeribus ruptis quùm spumeus amnis
Exiit, oppositasque evicit gurgite moles. V.
Illa (unda) cadens raucum per lævia murmur
Saxa ciet, scatebrisque arentia temperat arva. V.

3° Souvent une syllabe qui semblait devoir faire *césure*, est élidée sur un de ces mots *et*, *ac*, *atque*, *aut*, *ut*, *in*, etc.:

Intonuère poli, et crebris micat ignibus æther. V.
Vere tument terræ, et genitalia semina poscunt. V.
Longa tibi exilia, et vastum maris æquor arandum. V.
Te quoque magnanimæ viderunt, Ismare, gentes. V.
Vulnera dirigere, et calamos armare veneno. V.

Tous ces vers n'ont qu'une *césure*, soit après le premier pied, soit après le troisième, et ils n'en sont pas

---

(1) Il faut se garder d'un enchaînement vicieux, qui consisterait en un assemblage de fins de vers, et tromperait l'oreille à chaque instant:

Sole cadente, juvencus aratra reliquit in arvo. V.

moins harmonieux. En veut-on une preuve incontestable ? qu'on lise ces deux vers de Virgile :

> Ultrò flens ipse videbar
> Compellare virum, et mæstas expromere voces.
> Tùm sic affari, et curas his demere dictis.

Rien n'était plus simple que d'obtenir la *césure* après le second pied, en remplaçant *et* par *que*. Le poëte ne l'a pas voulu, et une infinité d'exemples pourraient venir à l'appui de ceux-ci.

4° Par suite de la règle que nous venons d'établir, on trouve quelques vers qui, à la rigueur, n'ont pas de *césure* :

> Indomitique Dahæ, et pontem indignatus Araxes. V.
> Mænia conspicio, atque adverso fornice portas. V.
> Haud tamen audaci Turno fiducia cessit
> Littora præripere, et venientes pellere terrâ. V.

On trouve même l'*élision* faite au troisième pied sur d'autres mots que ceux qui ont été indiqués ci-dessus :

> Fugit quùm saucius aram
> Taurus, et incertam excussit cervice securim. V.
> Septima post Trojæ excidium jam vertitur æstas. V.
> Scilicet hæc Spartam incolumis, patriasque Mycenas
> Aspiciet! V.
> Dixerat, et genua amplexus, genibusque volutans. V.
> Avia cursa
> Dùm sequor, et notâ excedo regione viarum. V.

Ces exemples suffiront pour former l'oreille à cette harmonie poétique, dont la connaissance est le guide le plus sûr. Nous avons vu des vers très lourds avec deux *césures*, d'autres au contraire marcher facilement sans en avoir. La lecture des poètes aplanira entièrement cette difficulté.

Il n'est pas exact de dire, comme le prétendent la

plupart des prosodies, que plus un vers a de *césures*, plus il est harmonieux. D'abord ce précepte, pris à la lettre, est absurde, puisqu'un vers qui aurait cinq *césures* serait fort mauvais. Mais interprétant cette règle, et entendant par là que les vers qui ont trois *césures* sont les meilleurs, nous dirons que les poètes ne sont pas si jaloux de donner trois *césures* à leurs vers. La coupe, si souvent recherchée par les poètes postérieurs au siècle d'Auguste :

Inferni raptoris *equos.* CLAUD.

n'offre que deux *césures*. Nous verrons, en parlant de la cadence, des cas où l'oreille a demandé que quelques-unes fussent supprimées.

CHAPITRE XXII.

DE L'HARMONIE EN GÉNÉRAL.

Si l'*harmonie* du style est nécessaire à l'éloquence, elle l'est bien plus encore à la poésie. Le poète, en adoptant le rythme cadencé du vers, s'est engagé à offrir à l'oreille un charme qu'elle ne trouvait pas dans la prose. A plus forte raison doit-il, à l'exemple de l'orateur, choisir parmi les mots qui se présentent à lui ceux qui sont le plus doux à prononcer, et faire en sorte que leur mélange produise encore une agréable impression. Il sera parlé plus tard de l'*harmonie imitative* ; nous verrons alors quelles restrictions il faut mettre à ce précepte.

L'*harmonie* a pour juge le sentiment, et ne peut guère être soumise à l'analyse. Qui serait insensible à la ravissante mélodie de ces vers :

Tityre, tu patulæ recubans sub tegmine fagi,
Sylvestrem tenui musam meditaris avena :

> Nos patriam fugimus; tu, Tityre, lentus in umbrâ,
> Formosam resonare doces Amaryllida sylvas. V.

> Ver erat æternum, placidique tepentibus auris
> Mulcebant Zephyri natos sine semine flores.
> Mox etiam fruges tellus inarata ferebat,
> Nec renovatus ager gravidis canebat aristis.
> Flumina jam lactis, jam flumina nectaris ibant;
> Flavaque de viridi stillabant ilice mella. O.

1° L'*harmonie* demande que l'on évite de placer de suite deux consonnances pareilles, comme :

> Quis primò exiguos elegos emiserit auctor,
> Grammatici certant, et adhuc sub judice lis est. H.

1re *Remarque*. Cependant quand c'est la voyelle *a* qui se trouve répétée, la consonnance n'est pas vicieuse :

> Nullaque mortales, præter su*a* littora, nôrant. O.

2° *Remarque*. Il faut éviter, mais pourtant sans la proscrire absolument, cette fin de vers si facile, où deux mots féminins ou neutres se suivent immédiatement :

> Jam subeunt Triviæ lucos, atque aure*a* tect*a*. V.

Il faut tâcher alors d'ajouter un mot de trois syllabes de cette manière :

> Cornaque fœtus, montanaque fraga legebant
> Cornaque, et in duris hærenti*a* mor*a* rubetis ! O.

3° *Remarque*. Quand deux syllabes de consonnance pareille, mais de quantité différente sont ainsi rapprochées, cette *harmonie* n'est point blâmable :

> Quinquaginta atr*is* imman*is* hiatibus hydra. V.
> Cui mater mediâ sese tulit obvi*a* sylv*â*. V.
> Taliaque illacrymans mut*æ* jace verba favill*æ*. Prop.

2° Si nous avons défendu d'imiter *exiguos elegos*, nous défendrons à bien plus forte raison une accumulation de consonnances semblables, comme dans cet exemple :

Pacem me exanim*is*, et Mart*is* sorte perempt*is*
Orat*is*. V.

3° Une suite de mots où la même lettre est prodiguée blesse l'oreille :

Quæ te tam læta tulerunt
Sæcula ? V.
Femineæ ardentem curæque iræque coquebant. V.
Quis novus hic nostris successit sedibus hospes ? V.
Si quis qui quid agam fortè requirat, erit. O.

Remarque. Deux syllabes pareilles, dont l'une finit un mot et l'autre commence le mot suivant, ne paraissaient point dures à l'oreille des Latins. Il est même facile de se convaincre qu'ils aimaient ce rapprochement. Nous ne citerons que quelques exemples, où un simple déplacement de mots eût pu faire éviter cette *harmonie*, si elle les eût choqués :

Multa patri portan*da da*bat præcepta : sed auræ
Omnia discerpunt. V.
Agnovit longè gemitum præsaga mali mens. V.
Jam gelidas Cæsar curs*us s*uperaverat Alpes
Ingentesque ani*mo mo*tus, bellumque futurum
Ceperat. Luc.
Quàm mult*i ti*neas pascunt blattasque diserti ! Mart.
Lacrymas lacry*mis m*iscere juvat. Sen. [1]

4° Trop de monosyllabes de suite donnent de la dureté au vers :

Non sterilis locus ullus ità *est, ut non sit in* illo
Mixta ferè duris utilis herba rubis. O.

5° Les monosyllabes *que* et *ve* se mettent bien après

---

(1) Voyez la note à la fin du volume.

un œ et un *e* long, mais c'est une faute réelle que de les placer après un *e* bref :

Abstract*æque* boves abjurat*æque* rapinæ. V.
Tant*æne* animis cœlestibus iræ ? V.
Amissis, ut fama, apibus morboque fam*eque*. V.

Horace et Tibulle ont eu tort de mettre :

Servar*eque* amicos. H.
Tal*eque* sub nostro carmine nomen erit. Tib.

6° Deux vers où nous trouvons une rime, offrent une mauvaise consonnance qu'il faut éviter :

Quem verò arripuit, tenet occiditque leg*endo*,
Non missura cutem, nisi plena cruoris, hir*udo*. H.
Non hæc, o Palla, dederas promissa par*enti*,
Cantiùs ut velles sævo concurrere M*arti*. V.
Lenibat dictis animum, lacrymasque cie*bat*.
Illa solo fixos oculos aversa tene*bat*. V.
Ergò ubi cœlicolæ parvos tetigere pen*ates*,
Submissoque humiles intrârunt vertire p*ostes*. O.

Si le sens n'est pas complet à la fin de l'un des deux vers, la consonnance est peu sensible, et l'emploi n'en est pas interdit :

Intereà medium Æneas jam classe tene*bat*.
Certus iter, fluctusque atros Aquilone seca*bat*. V.

7° Évitez les vers dits *Léonins*, c'est-à-dire ceux où la fin du vers rime avec la césure du troisième pied, qu'on appelle *penthemimeris* (πέντε, ἥμισυς, μέρος, cinq demi-pieds).

Somne, quies r*erum*, placidissime Somne De*orum*. O.

---

(1) On s'étonne de ne pas trouver cette règle dans les prosodies. Ce cas se présente assez souvent, et cependant on ne verra pas une seule fois Virgile suivre en cela l'exemple de Lucrèce. A plus forte raison les poètes postérieurs à Virgile se sont-ils abstenus d'un pareil rapprochement.

Si Trojæ *satis* aliquid restare puta*tis*. O.
Vir precor uxo*ri*, mater succurre soro*ri*. O.
Dixit Damœ*tas*; invidit stultus Amyn*tas*. V.

La rime n'est pas souvent aussi exacte, et alors la consonnance est moins choquante. Il y a quelques siècles que le vers *Léonin* passait pour une beauté. Il est vrai qu'on trouve assez fréquemment des épithètes qui font césure après le second pied, rimant avec la dernière syllabe :

Agricola incur*vo* terram molitus arat*ro*. V.
Quod nisi et assid*uis* terram insectabere rast*ris*. V.
Induit igno*tas* hominum conversa figu*ras*. O.

Mais il n'en faut pas conclure que les poètes recherchaient cette *harmonie*. Elle n'était pas un grand défaut à leurs yeux ; mais ils aimaient mieux l'éviter. Virgile, par exemple, ne pouvait-il l'introduire dans les vers suivans ?

Sylvestrem *tenui* musam meditaris avenâ.
Non tàm *præsentes* alibi cognoscere Divos.
Non insueta *graves* tentabunt gramina fœtus.
En unquàm *patrios* longo post tempore fines
      (*videbo*.)?
Nunc *virides* etiam occultant spineta lacertos.
Pan primus calamos cerâ conjungere *plures*
Instituit.
Est mihi *disparibus* septem compacta cicutis
Fistula.
Et sol *crescentes* decedens duplicat umbras.
Nox erat, et *placidum* carpebant fessa soporem
Corpora. [1]

---

(1) Quelle que soit la place de l'épithète, il vaut toujours mieux qu'elle ne rime pas avec son substantif :

Et freta destituent *nudos* in littore pisces. V.
At nos hinc alii *sitientes* ibimus Afros. V.
      Ille *frementes*
Ad juga cogit equos. V.
Ferret hyems stipulamque *levem*, culmumque *volantem*. V.

Enfin un déplacement de mots eût converti les vers suivans en vers *léonins* :

Et *liquidum spisso* secrevit ab aëre cœlum. O.
Et tandem *læti notæ* advertuntur arenæ. V.
Vivis gaudebat digitos incendere gemmis. Stat.

La consonnance est plus désagréable, quand elle n'a pas lieu entre l'épithète et son substantif :

Quàm nostro *illius* labatur pectore *vultus*. V.
Irim de *cœlo* misit Saturnia *Juno*. V.
Cæruleus *Tibris*, cœlo gratissimus *amnis*. V.
Vix nunc obsistitur illis
Quin lanient *mundum* : tanta est discordia *fratrum* ! O.

La fin d'un vers ne doit pas rimer avec le milieu du suivant :

Dùm me Galatea tene*bat*,
Nec spes libertatis *erat*, nec cura peculi. V.

CHAPITRE XXIII.

DE LA CADENCE.

La *cadence* n'est autre chose que la marche harmonieuse du vers. Pour que les vers soient bien *cadencés*, la première condition est d'être fidèle aux règles relatives à la césure et à l'élision. Il y a peu de chose à ajouter à ces règles bien comprises et bien appliquées.

On doit encore avoir égard à la nature des pieds que l'on emploie. Pour que le vers soit harmonieux, il faut savoir y introduire à la fois des dactyles et des spondées. Une grande variété dans leur succession affecte agréablement l'oreille. Composé de spondées, le vers est lourd; de dactyles, il est sautillant :

Dignum donandâ, Cæsar, te credere vitâ. Luc.
Dulce loqui miseris, veteresque reducere questus. Stat.

2° La marche du vers est harmonieuse, quand les dactyles et les spondées sont entremêlés symétriquement :

Obstupui, retròque pedem cum voce repressi. V.
Multa viri virtus animo, multusque recursat
Gentis honos. V.
Sylvestrem tenui musam meditaris avenâ. V.

3° Elle l'est encore, lorsque le premier pied est un spondée suivi de deux dactyles :

Non ignara mali, miseris succurrere disco. V.
Expectet facilemque fugam, ventosque ferentes. V.
Si potui tantum sperare dolorem,
Et perferre, soror, potero. V.

4° Si pour commencer un vers, on est libre de choisir entre un dactyle et un spondée, on met d'abord le spondée de préférence :

Sic cunctus pelagi cecidit fragor. V.
Spem vultu simulat, premit altum corde dolorem. V.
Et multo nebulæ circùm Dea sepsit amictu. V.

Nous avons annoncé (chap. XXI, pag. 139) que les poètes ne donnent pas toujours à un vers autant de césures qu'ils pourraient le faire. Guidés par le sentiment de l'harmonie dont nous venons de parler, ils aiment mieux mettre un dactyle au second pied, sans césure après le premier, qu'une césure après le premier, et un spondée au second :

Quidquid ubique est
Gentis Dardaniæ. V.
Namque ipsa decoram
Nato cæsariem genitrix, lumenque juventæ
Purpureum, et lætos oculis afflârat honores. V.

Voici encore des vers auxquels il eût été facile de donner une césure de plus, soit après le premier, soit après le troisième pied. Il faut que l'oreille se fasse bien à cette cadence poétique :

(Cacumen) Piceáque gravatum
Fædat nube diem; nunc motibus astra lacessit. Claud.
Angues Triptolemi stridunt. Claud.
Frontem crista tegit; pingunt maculosa virentes
Terga notæ. V.
Votum pro reditu simulant : ea fama vagatur. V.
Vivis gaudebat digitos incendere gemmis. Stat
Ducunt ad naves. V.
Unum pro multis dabitur caput. V.
Antè diem clauso *componet vesper* Olympo. V.
Nos Trojá antiquá, *si vestras* fortè per aures
Trojæ nomen iit, (venimus). V.
Quùm levis æthereis *delapsus Somnus* ab astris,
Aëra dimovit. V.
Et super incumbens, *cum puppis* parte revulsâ,
Cumque gubernaclo liquidas projecit in undas. V.

5° Si parmi les trois premiers pieds, il se trouve un ou plusieurs spondées, il faut tâcher de commencer par un spondée :

Clàm ferro incautum superat. V.

Que l'on mette : *clàm supera*t ferro incautum, le vers devient languissant.

Hìc portus alii effodiunt. V.

Si, pour avoir une césure au second pied, on change ainsi le vers : *Hìc alii effodiunt portus*, on lui donne le défaut du précédent.

Tùm *victu revocant vires*, fusique per herbam
Implentur veteris Bacchi, pinguisque ferinæ. V.

Le poëte n'a pas mis : *tùm victu vires revocant*, à cause de la consonnance désagréable *victu vires*. Il n'a pas mis : *tùm revocant victu vires*, parce que le défaut précédent eût encore subsisté, et que de plus le vers eût été lourd. Le dactyle introduit entre les deux spondées, en tempère la lenteur [1].

6° Il faut prendre garde qu'un vers ne renferme deux fins de vers, l'une après le quatrième, l'autre après le sixième pied :

  Ætatis cujusque notandi | sunt tibi mores. H.
  Seu cursum mutavit iniquum | frugibus amnis. H.
  Seu mihi sint potanda novercæ |pocula Phædræ. Prop.

7° Un mot de quatre syllabes longues fait mauvais effet au milieu du vers :

  Lectorem *delectando* pariterque monendo. H.

On les place au commencement ou à la fin, de cette manière :

  Tot quondam populis terrisque superbum
Regnatorem Asiæ. V.
Ut regem æquævum crudeli funere vidi
Vitam *exhalantem*. V.
Luctantes ventos *tempestates*que sonoras
Imperio premit. V.

Ces mots se mettent encore, comme on le sait, à la fin du vers spondaïque.

Si le mot de quatre syllabes a la première ou la dernière brève, les vers suivans apprendront à le placer :

    Motique verendâ
Majestate loci. Luc.
   Pendent opera *interrupta*, minæque
Murorum ingentes. V.
Insula *inexhaustis* chalybum generosa metallis. V.

---

(1) On sent que ces règles sont subordonnées à plusieurs autres. Si par exemple cette disposition des dactyles et des spondées produisait un concours désagréable de lettres ou de consonnances, ou si le goût assigne à un mot une place indispensable, ces considérations devront l'emporter sur la première ; mais le principe d'harmonie n'en existe pas moins.

Ces places conviennent encore aux mots qui ont plus de syllabes, mais qui ont la même mesure :

Frondentesque ferunt ramos, et robora sylvis
Infabricata, fugæ studio. V.
Fervet *avaritiá,* miseráque cupidine pectus. H.
Res *Agamemnonias,* victriciaque arma secutus. V.
Eruet ille Argos, *Agamemnonias*que Mycenas. V.

Voici même des mots qui n'ont qu'une place possible dans le vers :

Genus *intractabile* bello. V.
Hic *incredibilis* rerum fama occupat aures. V.
Hinc getulæ urbes, genus *insuperabile* bello. V.
Inexpectatus in armis
Hostis adest. O.
Venit summa dies, et *ineluctabile* tempus. V.
Junonis gravis ira, et *inexsaturabile* pectus. V.
Intereà quùm jam stabulis saturata moveret
Amphitryoniades armenta, abitumque pararet. V.

CHAPITRE XXIV.
DES DIFFÉRENTES COUPES DE LA PÉRIODE POÉTIQUE.

Le génie de la poésie latine demande essentiellement que chaque vers ne soit pas terminé par un repos, et que la plupart du temps, un ou plusieurs mots, nécessaires au sens d'une phrase, soient renvoyés au vers suivant. En un mot, l'enjambement, interdit à notre poésie, est une condition de la poésie latine. Après un certain nombre de pareils rejets, que l'on a eu soin de varier pour éviter la monotonie, la phrase se termine avec le vers, et l'esprit, dont l'attention a été soutenue par cet heureux enchaînement, semble reprendre haleine, pour la prêter encore.

Le poète ne rejette pas sans choix les mots qui seraient rebelles à l'arrangement de son vers. Il tient compte et de leur nature et de leur quantité. Sous le premier rapport, les mots rejetés ne devront pas être des mots d'une médiocre importance dans l'ensemble de la phrase. Destinés à fixer l'attention, ils doivent la mériter, et rien ne paraît plus faible, rien ne nuit plus à l'effet d'une phrase qu'un rejet insignifiant. Les mots que l'on réservera pour transporter dans le vers suivant, seront donc le *substantif*, ou le *verbe*, ou une *épithète* remarquable, ou plusieurs de ces mots à la fois.

Sous le rapport de la quantité, nous établirons, d'après l'exemple des poètes, les règles à suivre à cet égard.

On peut rejeter un monosyllabe, mais il doit être suivi d'un autre membre de phrase qui lui soit étroitement uni par une conjonction :

Cœperat humenti cœlum subtexere pallâ
Nox, et cæruleam terris infuderat umbram. STAT.

       Non reddita contrà
Vox, fidamque negant suspecta silentia pacem. STAT.

Il est aussi permis de rejeter un trochée :

Tunc etiam fatis aperit Cassandra futuris
Ora, Dei jussu non unquàm credita Teucris. V.

       Infestisque obvia signis
Signa, pares aquilas, et pila minantia pilis. Luc.

Mais les rejets les plus fréquens sont :

1° Un dactyle :

Italiam fato profugus, Laviuaque venit
Littora. V.

2° Un dactyle et une longue :

Quidve dolens regina Deûm tot volvere casus
Insignem pietate virum, tot adire labores
Impulerit. V.

3° Deux pieds et demi :

    Necdùm etiam causæ irarum, sævique dolores
Exciderant animo. V.

4° Trois pieds et demi :

    Quam Juno fertur terris magis omnibus unam
Posthabitâ coluisse Samo. V.

Le poète peut choisir à son gré parmi ces différentes coupes qui sont à sa discrétion, à moins que l'harmonie imitative ne le force d'adopter l'une de préférence, ou même d'avoir recours à d'autres moins usitées, dont nous parlerons plus tard. Il doit aussi avoir gand soin de les varier. Il y a de la monotonie dans les vers suivans. Cérès fit élever Proserpine en Sicile :

        Siculasque relegat in oras,
Ingenio confisa loci. Trinacria quondàm
Italiæ pars una fuit. Claud.

Et plus encore dans ceux-ci :

        Festinat enim decurrere velox
Flosculus, angustæ miseræque brevissima vitæ
Portio : dum bibimus, dum serta, unguenta rosasque
Poscimus, obrepit non intellecta juventus. Juv.

Un seul vers renferme quelquefois un sens complet : d'autres fois l'idée est exprimée en deux, trois, quatre vers, etc. La période poétique peut comprendre jusqu'à sept ou huit vers. Il est rare d'en trouver de neuf.

1° Tantæ molis erat Romanam condere gentem ! V.

2° Defessi Æneadæ, quæ proxima littora, cursu
   Contendunt petere, et Libyæ vertuntur ad oras. V.

3° Postera quùm primo stellas oriente fugârat
   Clara dies, socios in coetum littore ab omni
   Advocat Æneas, tumulique ex aggere fatur. V.

4° Dardanidæ magni, genus alto à sanguine Divûm,
   Annuus exactis completur mensibus orbis,
   Ex quo relliquias, divinique ossa parentis
   Condidimus terrâ, mæstasque sacravimus aras. V.

5° At sæva è speculis tempus Dea nacta nocendi,
Ardua tecta petit stabuli, et de culmine summo
Pastorale canit signum, cornuque recurvo
Tartaream intendit vocem, quâ protinus omne
Contremuit nemus, et sylvæ intonuére profundæ. V.

6° At trepida, et cœptis immanibus effera Dido,
Sanguineam volvens aciem, maculisque trementes
Interfusa genas, et pallida morte futurâ,
Interiora domùs irrumpit limina, et altos
Conscendit furibunda rogos, ensemque recludit
Dardanium, non hos quæsitum munus in usus. V.

7° Arma virumque cano Trojæ qui primus ab oris
Italiam, fato profugus, Lavinaque venit
Littora : multùm ille et terris jactatus et alto,
Vi Superùm, sævæ memorem Junonis ob iram ;
Multa quoque et bello passus, dùm conderet urbem,
Inferretque Deos Latio : genus undè latinum,
Albanique patres, atque altæ mœnia Romæ.

8° Ac velut ingenti Silâ, summove Taburno,
Quum duo conversis inimica in prælia tauri
Frontibus incurrunt : pavidi cessére magistri ;
Stat nemus omne metu mutum, mussantque juvencæ
Quis pecori imperitet, quem tota armenta sequantur.
Illi inter sese multâ vi vulnera miscent,
Cornuaque obnixi infigunt, et sanguine largo
Colla armosque lavant : gemitu nemus omne remugit. V.

9° Ac velut ille canum morsu de montibus altis
Actus aper, multos Vesulus quem pinifer annos
Defendit, multosque palus Laurentia sylvâ
Pavit arundineâ : postquàm inter retia ventum est,
Substitit, infremuitque ferox, et inhorruit armos ;
Nec cuiquam irasci propiùsve accedere virtus,
Sed jaculis, tutisque procul clamoribus instant :
Ille autem impavidus partes cunctatur in omnes,
Dentibus infrendens, ac tergo decutit hastas. V.

Les poètes ont plusieurs secrets pour terminer la période d'une manière harmonieuse. Nous indiquerons les coupes dont ils font le plus souvent usage. Voyons d'abord les cas où le dernier membre de la période commence dans l'avant-dernier vers :

> Imò age, et à primâ dic, hospes, origine nobis
> Insidias, inquit, Danaùm, casusque tuorum
> Erroresque tuos : *nam te jam septima portat*
> *Omnibus errantem terris et fluctibus œstas.* V.

2°   Indomitos ut quùm Massyla per arva
> Armenti reges magno leo frangit hiatu,
> Et contentus abit : rauci tunc cominùs ursi,
> Tunc avidi venêre lupi, *rabieque remissâ*
> *Lambunt degeneres alienæ vulnera prædæ.* Stat.

3° Tu quoque littoribus nostris, Æneïa nutrix,
> Æternam moriens famam, Caieta, dedisti :
> Et nunc servat honos sedem tuus; *ossaque nomen*
> *Hesperiâ in magnâ (si qua est ea gloria) signat.* V.

4° Venit hyems : teritur Sicyonia bacca trapetis;
> Glande sues læti redeunt; dant arbuta sylvæ;
> Et varios ponit fœtus autumnus, *et altè*
> *Mitis in apricis coquitur vindemia saxis.* V.

5° Sin autem ad pugnam exierint, (nam sæpè duobus
> Regibus incessit magno discordia motu),
> Continuòque animos vulgi, et trepidantia bello
> Corda licet longè præsciscere; namque morantes
> Martius ille æris rauci canor increpat, *et vox*
> *Auditur fractos sonitus imitata tubarum.* V.

6° Le dernier membre de la période peut être renfermé dans un vers complet :

> Dædalus, ut fama est, fugiens Minoïa regna,
> Præpetibus pennis ausus se credere coelo,
> Insuetum per iter, gelidas enavit ad Arctos,
> *Chalcidicâque levis tandem superadstitit arce.* V.

7° Enfin le dernier trait de la période peut ne pas remplir un vers entier :

    Hos jam mota ducis, vicinaque signa petentes
    Audax venali comitat Curio linguâ;
    Vox quondam populis, libertatemque tueri
    Ausus, *et armatos plebi miscere potentes.* Luc.

8° Sunt mihi bis septem præstanti corpore nymphæ,
    Quarum, quæ formâ pulcherrima, Deïopeïam
    Connubio jungam stabili, propriamque dicabo,
    Omnes ut tecum meritis pro talibus annos
    Exigat, *et pulchrâ faciat te prole parentem.* V.

9° Ecce autem telis Panthus elapsus Achivûm,
    Panthus Othryades, arcis Phœbique sacerdos,
    Sacra manu, victosque Deos, parvumque nepotem
    Ipse trahit, *cursuque amens ad limina tendit.* V.

10° Quàm multa in sylvis, autumni frigore primo,
    Lapsa cadunt folia; aut ad terram gurgite ab alto
    Quàm multæ glomerantur aves, ubi frigidus annus
    Trans pontum fugat, *et terris immittit apricis.* V.

11° Invadunt urbem somno vinoque sepultam :
    Cæduntur vigiles; portisque patentibus omnes
    Accipiunt socios, *atque agmina conscia jungunt.* V.

12° Ac velut ille, prius quàm tela inimica sequantur,
    Continuò in montes sese avius abdidit altos,
    Occiso pastore, lupus, magnove juvenco,
    Conscius audacis facti, caudamque remulcens
    Subjecit pavitantem utero, *sylvasque petivit.* V.

On peut remarquer dans les exemples précédens que la période, ou, si l'on veut, l'idée finit avec le vers. C'est ainsi que les poètes procèdent presque toujours. Lorsque le sens est complet, le vers cesse d'enjamber. Cependant on trouve quelquefois des vers dont le commencement est consacré à compléter une idée, et le reste à exprimer une idée nouvelle, et souvent toute différente.

Ainsi une comparaison ne finit pas nécessairement avec le vers :

> Qualis, ubi hybernam Lyciam Xanthique fluenta
> Deserit, ac Delum maternam invisit Apollo,
> Instauratque choros, mixtique altaria circùm
> Cretesque, Dryopesque fremunt, pictique Agathyrsi :
> Ipse jugis Cynthi graditur, mollique fluentem
> Fronde premit crinem fingens, atque implicat auro;
> *Tela sonant humeris.* Haud illo segnior ibat
> Æneas : tantum egregio decus enitet ore. V.

> Non sic aggeribus ruptis quùm spumeus amnis
> Exiit, oppositasque evicit gurgite moles,
> Fertur in arva furens cumulo, camposque per omnes
> *Cum stabulis armenta trahit.* Vidi ipse furentem
> Cæde Neoptolemum, etc. V.

On trouve aussi de pareils rejets après un discours. Mercure ordonne à Énée de quitter Carthage :

> Jam mare turbari trabibus, sævasque videbis
> Collucere faces, jam fervere littora flammis,
> Si te bis attigerit terris aurora morantem.
> Fia age, rumpe moras : varium et mutabile semper
> *Femina.* Sic fatus, nocti se immiscuit atræ. V.

Lucain semble affectionner cette manière de terminer ses discours. Il réserve alors pour le vers imparfait un trait énergique, dont l'effet est souvent fort heureux. Les exemples suivans en donneront une idée. Caton veut ranimer ses soldats découragés par la journée de Pharsale. Il finit par les inviter à porter sa tête au tyran, pour mériter leur grace :

> Nostra quoque inviso quisquis feret ora tyranno,
> Non parvâ mercede dabit : sciat ista juventus
> Cervicis pretio benè se mea signa secutam.
> Quin agite, et magnâ meritum cum cæde parate :
> *Ignavum scelus est tantùm fuga.* Dixit, et omnis
> Haud aliter medio revocavit ab æquore puppes, etc.

César, après de longs reproches adressés à son armée rebelle, ordonne le supplice des principaux coupables :

> At paucos, quibus hæc rabies auctoribus arsit,
> Non Cæsar, sed pœna tenet : procumbite terræ,
> Infidumque caput feriendaque tendite colla.
> Et tu, quo solo stabunt jam robore castra,
> Tiro rudis, specta pœnas, et disce ferire,
> *Disce mori*. Tremuit sævà sub voce minantis
> Vulgus iners, etc.

On voit à quelle condition l'on peut se permettre une semblable coupe. Il faut alors que les derniers mots de la période en soient le digne complément. Comme ce repos est moins naturel, il semble qu'on soit plus exigeant, et qu'il faille l'autoriser par une beauté. Cette remarque va nous offrir une matière à critique, et cette fois Virgile lui-même en sera l'objet. Tout le monde connaît le magnifique début du troisième livre de l'Énéide :

> Postquàm res Asiæ, Priamique evertere gentem
> Immeritam visum Superis, ceciditque superbum
> Ilium, et omnis humo fumat Neptunia Troja,
> Diversa exilia, et diversas quærere terras
> Auguriis agimur Divùm, classemque sub ipsà
> Antandro, et Phrygiæ molimur montibus Idæ ;
> Incerti quò fata ferant, ubi sistere detur ;
> *Contrahimusque viros*. Vix prima incœperat æstas,
> Et pater Anchises dare fatis vela jubebat.

Le dernier trait *contrahimusque viros* nuit à l'effet de cette belle période. Il est faible après tout ce qui précède, outre qu'il trompe l'oreille qui attendait un repos, au moins après le septième vers.

CHAPITRE XXV.

DE L'HARMONIE IMITATIVE.

La poésie ne doit pas s'en tenir à faire entendre à l'oreille une suite de sons capables de la charmer. Tel semble pourtant avoir été le but unique des poètes latins du second ordre. Ils possédaient à fond la facture du vers. Ils ont avec scrupule choisi les consonnances, respecté les césures, évité les élisions, et leurs vers pleins de nombre flattent d'abord, parce que l'on peut dire d'eux :

Dedit ore rotundo
Musa loqui.

Mais cette harmonie soutenue et uniforme ne tarde pas à fatiguer. Tous les vers semblent jetés dans le même moule, et on les a bien comparés à une cloche qui tinte toujours le même son. Outre que la monotonie est toujours un défaut, et que rien ne saurait racheter l'uniformité, la poésie qui se borne à cette harmonie, pour ainsi dire d'étiquette, méconnaît son objet et sa puissance. Son but est de peindre la nature, et, pour y réussir, elle doit varier ses couleurs. Il y a une certaine harmonie qui semble inhérente à l'idée, et qui doit changer selon les objets qu'on décrit, selon les sentimens qu'on exprime. Les poètes, dont nous accusons ici le goût, n'ont pas su empreindre leurs vers de cette teinte locale; ils rendent les détails les plus familiers de la vie domestique avec le ton solennel d'une description ou d'un discours d'apparat. Fidèles à leur froide harmonie, ils ne savent pas qu'en la négligeant, on obtient souvent d'heureux effets; ils ne savent pas que c'est quelquefois en choisissant les lettres les moins harmonieuses, les consonnances les plus désagréables; en violant les règles de la césure et même de l'élision; en employant des coupes de vers peu fréquentes, que l'on transporte le lecteur en face de l'objet que l'on peint, et que l'on produit l'illusion. En un mot, l'*harmonie imitative* n'a pas été le but de leurs recherches. C'est sous ce rapport surtout que Virgile est un poëte parfait : on admire dans sa poésie la plus riche variété. Le ton en est toujours conforme au besoin actuel : jamais une idée simple n'y sera défigurée par une harmonie pompeuse; son vers flexible semble être le portrait de la nature.

On voit que nous donnons à ce nom d'*harmonie imitative* un sens fort étendu. Nous n'avons pas seulement en vue l'*onomatopée*, c'est-à-dire l'emploi de certains mots dont les syllabes douces ou rudes, sourdes ou sonores, semblent mettre sous les yeux l'objet qu'ils expriment. Ce serait bien restreindre les moyens d'imitation, et s'en tenir à celui peut-être dont le goût prescrit l'emploi le plus modéré. On imite encore la nature en faisant prédominer dans un vers le dactyle ou le spondée; en le coupant d'une certaine manière; en plaçant une élision à propos; quelquefois en omettant la césure, quelquefois même l'élision. Nous parcourrons successivement ces divers moyens de produire l'*harmonie imitative*. Quoique nous parlions séparément de chacun, on verra, dans les exemples que nous citerons, qu'ils sont souvent réunis.

CHAPITRE XXV.

SECTION PREMIÈRE.

HARMONIE IMITATIVE RÉSULTANT DU CHOIX DE CERTAINES LETTRES, DE CERTAINES SYLLABES.

A. Les vers suivans, pleins de douceur et de grace, le doivent à la voyelle *a* qui y est multipliée :

> Mollia luteolá pingit vaccinia calthá. V.
> Indum sanguineo veluti violaverit ostro
> Si quis ebur; aut mixta rubent ubi lilia multá
> Alba rosá. V.

Elle exprime la majesté dans celui-ci :

> Omnia sub magná labentia flumina terrá. V.

E. La voyelle *e* est propre à rendre un bruit sourd et lugubre, un sentiment douloureux :

> Insonuère cavæ, gemitumque dedère cavernæ. V.
> Obscœnæque canes, importunæque volucres. V
> Te, veniente die, te, decedente, canebat. V.

U. Un bruit moins sourd est imité par la syllabe *um*,

> Sed gurgite ab alto
> Urgeri volucrum raucarum ad littora nubem. V.
> Hinc exaudiri gemitus iræque leonum
> Vincla recusantùm, et será sub nocte rudentùm ;
> Setigerique sues, atque in præsepibus ursi
> Sævire, ac formæ magnorum ululare luporum. V.

S. Veut-on exprimer le gazouillement d'un ruisseau? la lettre *s* dominera dans le vers :

> Unda levi somnum suadebit inire susurro. V.

La même lettre va peindre le sifflement des serpens :

> Sibila lambebant linguis vibrantibus ora. V.

Les lettres les plus dures à prononcer, comme R, S,

r, x, rendront tout ce qui affecte désagréablement un de nos sens.

Ecoutez le cultivateur promenant le rateau sur la terre :

> Ergò ægrè rastris terram rimantur. V.

Ici c'est le bruit d'un atelier :

> Tum ferri rigor, atque argutæ lamina serræ. V.

N'entend-on pas la bruyante manœuvre des vaisseaux ?

> Unà omnes ruere, ac totum spumare reductis
> Convulsum remis, rostrisque tridentibus æquor. V.

Les membres d'Hippolyte se brisent avec fracas :

> Ossa gravem dare fracta sonum. O.

C'est maintenent un torrent qui mugit :

> Fractorum subitas torrentum audire ruinas. Stat.

Virgile imite ainsi le bruit de la grêle :

> Quàm multa in tectis crepitans salit horrida grando.

Le gémissement de la charrue :

> Post valido nitens sub pondere faginus axis
> Instrepat, et junctos temo trahat æreus orbes.

Il sait rendre une sensation pénible qui blesse le goût, le toucher :

> Tristia tentantûm sensu torquebit amaror.
>
>   aret
> Pellis, et ad tactum tractanti dura resistit.

Il nous fait assister aux détonations de l'Etna :

> Portus ab accessu ventorum immotus, et ingens
> Ipse : sed horrificis juxtà tonat Ætna ruinis, etc.

Ce qu'il y a encore d'admirable dans ces deux vers, c'est le calme qui règne dans le premier, si bien opposé au fracas du second.

2° SECTION.

HARMONIE IMITATIVE RÉSULTANT DU CHOIX DES DACTYLES ET DES SPONDÉES.

En multipliant le *dactyle*, les poètes rendent la rapidité d'une action, la vivacité d'un sentiment.

On a cité bien des fois ce vers qui exprime le galop du cheval.

 Quadrupedante putrem sonitu quatit ungula campum. V.

Des vaisseaux s'élancent à la mer ;

 Indè, ubi clara dedit sonitum tuba, finibus omnes,
 Haud mora, prosiluére suis : ferit æthera clamor. V.

Jupiter dit à Mercure :

 Vade, age, nate, voca zephyros, et labere pennis. V.

Voici un vers qui peint la précipitation des guerriers qui volent aux armes :

 Hic galeam tectis trepidus rapit; ille frementes
 Ad juga cogit equos. V.

Celui-ci la mobilité d'une ame inquiète :

 Namque agor ut per plana citus sola verbere turbo. Tu.

Ici c'est une lionne poursuivant le ravisseur qui emporte ses lionceaux :

 Signaque nacta pedum, sequitur quem non videt hostem. O.

Ne voit-on pas le mouvement léger d'un rat, en lisant ce vers ?

        Hæc ubi dicta
 Agrestem pepulére, domo levis exilit. H.

Écoutons le langage pressé de la fureur :

      Sequar atris ignibus absens;
 Et quùm frigida mors animâ seduxerit artus,
 Omnibus umbra locis adero : dabis, improbe, poenas. V.

Et dans le même endroit, les cris de la vengeance :

> Non arma expedient, totâque ex urbe sequentur,
> Diripientque rates alii navalibus? ite,
> Ferte citi flammas, date vela, impellite remos.

Quel élan règne dans ces vers ! Comparons à ce mouvement si naturel, un passage où Lucain rend la même idée :

> Præcipitate rates è sicco littore, nautæ;
> Classis in adversos erumpat remige ventos :
> Ite duces mecum.

Que ces vers sont froids et inanimés ! quel contresens d'harmonie dans cet *è sicco*, in *adversos erumpat* !

La marche du *spondée* est moins sautillante et plus grave. Il sert à exprimer la difficulté, la lenteur, la majesté, la tristesse.

Nous avons trouvé que dans ce vers :

> Ergo ægrè rastris terram rimantur,

Virgile avait fait un habile usage de la lettre *r*. Nous remarquerons maintenant que les *spondées* concourent aussi à produire l'*harmonie imitative*.

Le pénible travail du laboureur est encore heureusement exprimé par ces vers :

> Agricola incurvo terram molitus aratro,
> Exesa inveniet scabrâ rubigine pila. V.

Ceux-ci rendent d'une manière pittoresque les efforts des cyclopes et des matelots :

> Illi inter sese multâ vi brachia tollunt. V.
> Adnixi torquent spumas, et cærula verrunt. V.

Ne partage-t-on pas la fatigue d'Hercule, qui trois fois a tenté vainement de pénétrer dans l'antre de Cacus, quand on lit dans Virgile :

>   Ter saxea tentat
> Limina nequicquàm, ter fessus valle resedit.

Le même poète nous montre Thésée dans les enfers :

> Sedet, æternùmque sedebit
> Infelix Theseus.

Ces *spondées* ne peignent-ils pas admirablement l'éternité de ce supplice ?

Quel morne abattement règne dans ce passage où il exprime la tristesse du laboureur qui a perdu un taureau, et le découragement de celui qui survit à son frère :

> It tristis arator
> Mærentem abjungens fraternâ morte juvencum.

Ceux-ci respirent aussi une profonde douleur :

> Afflictus vitam in tenebris luctuque trahebam,
> Et casum insontis mecum indignabar amici. V.

La lenteur d'un vieillard, la dignité d'un roi, sont encore rendues avec vérité par l'emploi du même pied :

> Olli sedato respondit corde Latinus.

Contemplez le calme et la majesté du maître des Dieux :

> Vultu quo cœlum tempestatesque serenat,
> Oscula libavit natæ. V.

Remarquons ces grands mots *indignabar*, *tempestates*, et reconnaissons qu'ils sont propres à produire les mêmes effets, c'est-à-dire à exprimer la tristesse ou la grandeur.

Cassandre est tombée au pouvoir des Grecs. Virgile commence cette scène par ce vers d'une harmonie lugubre :

> Ecce *trahebatur* passis Priameïa virgo
> Crinibus.

Il rend ainsi le deuil profond des Troyennes qui, fatiguées de leurs longs voyages, promènent leurs yeux humides sur l'immensité des flots :

> At procul in solâ secretæ Troades actâ,
> Amissum Anchisen flebant, cunctæque profundum
> Pontum *aspectabant* flentes.

Priam expire, et le vers exprime la langueur de la mort :

Ut regem æquævum crudeli vulnere vidi
Vitam *exhalantem.* V.

Enée demande à Hector pourquoi la patrie a été si long-temps privée de son secours. La longue attente de Troie est encore parfaitement rendue par un grand mot :

Quibus, Hector, ab oris
Expectate venis? V.

Dans le même morceau, Hector recommande à Enée de transporter les images des Dieux dans le nouvel empire destiné aux Troyens. Mais ils devront auparavant errer sept ans sur les mers :

His mænia quære
Magna *pererrato* statues quæ denique ponto.

Voyez le laboureur immobile d'étonnement, à la vue des ossemens que découvre sa charrue :

Grandiaque effossis *mirabitur* ossa sepulcris. V.

La caverne de Cacus est forcée par Hercule. On aperçoit avec effroi le fruit de tant de brigandages :

Abstractæque boves, *abjuratæque* rapinæ
Cœlo *ostenduntur.*

Les grands mots vont ici exprimer la majesté d'Auguste et la richesse des présens que les nations apportent à ses pieds :

Ille sedens niveo candentis limine Phœbi,
Dona *recognoscit populorum,* aptatque superbis
Postibus.

Ecoutez la devise des Romains :

Pascere subjectis, et *debellare* superbos.

Sans emprunter des exemples à d'autres poètes, nous

en trouverions encore une foule dans Virgile. Nous finissons par citer un vers de Claudien, où il peint avec succès les redoutables efforts des géants :

Ætna *Giganteos* nunquàm tacitura triumphos.

On connaît l'heureuse imitation qu'a faite de ce vers un poète moderne, dans une inscription placée jadis au-dessus de l'Arsenal :

Ætna hæc Henrico Vulcania tela ministrat,
Tela *Giganteos debellatura* furores.

VERS SPONDAÏQUE. On peut conclure que le vers *spondaïque* est de nature à produire un effet analogue à celui des vers précédens, puisque, comme nous l'avons remarqué, il finit presque toujours par un mot de quatre syllabes. Ce vers, dont on fait peu d'usage, n'en produit que plus d'effet, quand il est placé à propos. La lenteur, la gravité de sa désinence le rendent propre à exprimer une idée grande, un tableau majestueux, une action de longue durée.

Catulle veut peindre l'étonnement des Néréides à la vue de la flotte des Argonautes :

Emersére feri candenti è gurgite vultus,
Æquoreæ monstrum Nereïdes *admirantes*.

Sinon promène long-temps ses regards sur l'armée troyenne :

Constitit, atque oculis Phrygia agmina *circumspexit*. V.

Dans une course à pied, deux concurrens sont séparés par un long intervalle. Un grand mot placé à la fin du vers nous en présente l'image.

Proximus huic, longo sed proximus *intervallo*. V.

---

(1) Virgile a emprunté sans doute cette idée à Cicéron ; mais le poète a su y ajouter un effet imitatif qui ne se trouve pas dans l'orateur : *Crasso et Antonio L. Philippus proximus accedebat ; sed longo intervallo tamen proximus accedebat.* (Cicer. à Brut.)

Ovide retrace à l'imagination la vaste étendue des mers, quand il dit :

> Nec brachia longo
> Margine terrarum porrexerat *Amphitrite.*

On a souvent admiré ce beau vers, dont la fin languissante et comme immobile rend si bien la mort de Jésus-Christ :

> Supremamque auram, ponens caput, *expiravit.* Vida.

Virgile, représentant Camille qui rend le dernier soupir, avait dit :

> Et captum letho posuit caput, arma relinquens.

Ce vers aussi est admirable : mais si le poète moderne doit au poète ancien le fond de son vers, et surtout cette coupe si heureuse après le quatrième pied, il faut avouer qu'il a l'avantage sur son modèle, quand on compare les deux derniers pieds.

Il est naturel que le poète voulant attirer l'attention sur quelque chose d'imposant, suspende le sens après le vers *spondaïque.* Un signe de ponctuation nous force de nous arrêter sur ce grand mot qui, perdu dans une phrase, produira beaucoup moins d'effet. Peu d'exemples contredisent cette règle. Que l'on compare au vers suivant :

> Umbrosis mediam quâ collibus *Apenninus*
> Erigit Italiam. Luc.

ce vers de Silius, où le même mot est employé :

> Subsident Alpes? subsidet mole nivali
> Alpibus æquatum attollens caput *Apenninus?*

On avouera que le second poète présente une image beaucoup plus grande, et a mieux rendu la nature.

3° SECTION.

HARMONIE IMITATIVE RÉSULTANT DES REJETS.

Nous avons dit (chap. xxiv, page 150) que les poètes rejetaient souvent des mots d'un vers à l'autre, sans aucune intention d'*harmonie imitative*. Mais souvent aussi ils adoptent une coupe à dessein, parce qu'elle est capable plus que toute autre de rendre leur idée d'une manière pittoresque :

1° Le *trochée* rejeté au vers suivant peut produire une image.

Cyrène entend les plaintes de son fils Aristée :

At mater sonitum thalamo sub fluminis alti
Sensit : eam circùm Milesia vellera nymphæ
Carpebant. V.

Le mot *sensit* exprime la surprise de la déesse.

Protée marche entouré des monstres marins confiés à sa garde :

Quùm Proteus, consueta petens è fluctibus antra,
Ibat : eum vasti circùm gens humida ponti
Exultat. V.

Le mot *ibat* montre le dieu s'avançant avec noblesse.

2° Nous avons défendu de rejeter un *spondée*, parce qu'un pareil rejet a quelque chose de lourd. Cette raison même en rend quelquefois l'usage fort heureux :

Vox quoque per lucos vulgò exaudita silentes
Ingens. V.

La lenteur du mot *ingens* rejeté peint heureusement cette voix effroyable qui se prolonge dans les forêts :

Les nymphes pleuraient Daphnis :

Extinctum Nymphæ crudeli vulnere Daphnim
Flebant. V.

Peut-on mieux rendre l'abattement de la douleur ?
Camille est blessée :

> Hasta sub exsertam donec perlata papillam
> *Hæsit*, virgineumque altè bibit acta cruorem. V.

Le vers imite l'immobilité du fer qui reste dans la blessure.

Ici l'on fait un sacrifice :

> Armati Jovis antè aras, paterasque tenentes
> *Stabant*. V.

Le poëte a su reproduire le calme d'une cérémonie religieuse.

Stace offre un bel exemple d'un *spondée* ainsi rejeté. Il parle du supplice de Tityus :

> Quantus Apollineæ temerator matris, Averno
> Tenditur ; ipsæ horrent, si quandò pectore ab alto
> Emergunt volucres, immensaque membra jacentis
> *Spectant*, dùm miseræ crescunt in pabula fibræ.

Les vautours se plaisent à contempler leur victime.

3° Le rejet du *dactyle* au contraire aura pour objet de peindre la rapidité.

Nisus lance une javeline :

> Dixerat, et toto connixus corpore, ferrum
> *Conjicit;* hasta volans noctis diverberat umbras. V.

En lisant le mot *conjicit*, on suit le mouvement léger du trait. Un habile contraste fait encore ressortir davantage cette beauté. Le premier vers : *et toto connixus*, se traîne avec peine, parce qu'il imite lui-même l'effort du guerrier.

Ici l'on assiste à la chute d'un soldat blessé :

> Hic juvenis primam ante aciem, stridente sagittâ,
> Natorum Tyrrhei fuerat qui maximus, Almon
> *Sternitur*. V.

Didon fait un dernier effort pour ouvrir les yeux à la lumière :

> Illa graves oculos conata attollere, rursùs
> *Deficit.* V.

Le vers suivant offre une chute analogue :

> In segetem veluti quum flamma furentibus austris
> *Incidit.* V.

La même coupe va nous représenter le geste de quelqu'un qui s'arrête :

> Et jam finis erat, quum Jupiter æthere summo
> Despiciens mare velivolum, terrasque jacentes,
> Littoraque, et latos populos, sic vertice cœli
> *Constitit*, et Libyæ defixit lumina regnis. Q.

Le rejet d'un dactyle produit un grand effet dans ce vers. Il s'agit de la mort d'Annibal :

> Cannarum vindex, ac tanti sanguinis ultor
> *Annulus.* Juv.

Admirons en cette circonstance le goût exquis du poète, qui, après avoir parlé avec tant de pompe des triomphes du héros carthaginois, exprime d'une manière si concise et si énergique le faible instrument de sa mort. C'est un anneau qui est chargé de la vengeance du peuple romain ! La pensée, déjà forte par ce rapprochement, le devient encore bien plus par la place du mot *annulus*. Ce dactyle, sur lequel la prononciation nous oblige de glisser si rapidement, est à la fin de la période et en tête d'un vers. Toute la phrase pour ainsi dire pèse sur lui.

4° Nous avons dit que l'on rejette assez souvent un pied et demi ; mais c'est d'ordinaire un dactyle et une longue, c'est-à-dire un *choriambe*. On rejette aussi quelquefois trois longues, c'est-à-dire un *molosse*. Cette coupe est propre à peindre la lenteur, la difficulté, l'étendue, etc.

Voyez le vieux Priam lançant un javelot :

> Sic fatus senior, telumque imbelle sine ictu
> *Conjecit.* V.

Et comparez ce vers à un autre cité plus haut qui montre le geste rapide de Nisus, *conjicit;* vous reconnaîtrez de part et d'autre le peintre habile de la nature.

L'arrivée d'Énée a suspendu les travaux de Carthage :

> Non cœptæ assurgunt turres, non arma juventus
> *Exercet.* V.

Quelle langueur dans ce rejet! La lenteur du premier vers contribue aussi à la peinture de cette ville inanimée.

Le même poète dit de Polyphème :

> Jacuitque per antrum
> *Immensus.*

et il nous met sous les yeux l'image colossale du cyclope.

Creüse veut retenir Énée qui se précipite au combat :

> Ecce autem complexa pedes in limine conjux
> *Hærebat,* parvumque patri tendebat Iulum. V.

Le mot *hærebat* ne rend-il point parfaitement les efforts obstinés de la tendresse conjugale?

Énée arrache le rameau d'or qui doit lui frayer le chemin des enfers :

> Corripit extemplo Æneas, avidusque refringit
> *Cunctantem.* V.

Quelle rapidité dans le mouvement d'Énée *avidusque refringit!* Mais le rameau résiste un instant à son impatience, *cunctantem.* Quelle poésie! Virgile n'est pas admirable pour avoir quelques effets de cette nature; il est toujours peintre; c'est son perpétuel mérite.

5° On trouve quelquefois rejeté un grand mot, composé d'un pied (*dactyle* ou *spondée*), plus un *trochée*. Ce rejet produit beaucoup d'effet; on s'en sert pour rendre un sentiment ou un mouvement rapide, une profonde impression de surprise, une action totalement accomplie, à laquelle le calme succède :

> Nonne vides, quùm præcipiti certamine campum
> *Corripuére*, ruuntque effusi carcere currus. V.
>   Vitreisque sedilibus omnes
> *Obstupuére*. V.
>   Fusi per mœnia Teucri
> *Conticuére*, silent latè loca. V.
> Barbarico postes auro spoliisque superbi
> *Procubuére*; tenent Danai quà deficit ignis. V.
> Immemores socii vasto cyclopis in antro
> *Deseruére*. V.

6° On rejette quelquefois deux pieds. Cette coupe convient encore pour exprimer la rapidité ou pour imiter quelque chûte :

> Ipsius ante oculos ingens à vertice pontus
> *In puppim ferit :* excutitur, pronùsque magister
> *Incidit in caput*. V. [1]

Virgile nous représente un vaisseau qui vole sur les flots :

>   Illa noto citiùs celerique sagittá
> *Ad terram fugit*, et portu se condidit alto.

Il peint la rapidité de l'effroi :

> Tùm verò tremefacta novus per pectora cunctis
> *Insinuat pavor*.

7° Il nous reste à parler d'une coupe encore moins

---

(1) Lorsque l'on coupe un vers après deux, trois ou quatre pieds, il faut remarquer qu'on le coupe toujours sur un *dactyle*.

fréquente, qui consiste en deux pieds, plus un *trochée*. Exemple :

 Et Tyrii comites passim, et Trojana juventus,
 Dardaniusque nepos Veneris, diversa per agros
 Tecta metu petiére : ruunt de montibus amnes. V.

 Anna, vides toto properari littore, circùm
 Undique convenére ; vocat jam carbasus auras. V.

 Sed non idcircò flammæ atque incendia vires
 Indomitas posuére. V.

 Idem omnes simul ardor habet, rapiuntque, ruuntque,
 Littora deseruére : latet sub classibus æquor. V.

Cette coupe, analogue à celle que nous avons indiquée au n° 4, peint aussi une action exécutée avec vivacité, et suivie d'un repos.

4° SECTION.

HARMONIE IMITATIVE RÉSULTANT DES SUSPENSIONS.

On peut donner le nom de *suspensions* à certaines coupes de vers, qui offrent l'image d'un objet physique suspendu, ou peignent la chute d'un corps, ou qui, placées dans un récit, tiennent l'esprit incertain, et lui font attendre avec curiosité la pensée qui va suivre. Quelques-uns des rejets que nous venons d'indiquer précédemment présentent déjà des *suspensions*.

1° Un homme vertueux et estimé paraît au milieu d'une sédition. On se demande quel sera l'effet de sa présence? Virgile nous l'apprend, après avoir habilement provoqué notre intérêt :

 Tum pietate gravem ac meritis si fortè virum quem
 Conspexére, silent.

2° La même intention se retrouve dans ce vers où il décrit la chute d'une tour :

> Ea lapsa repentè ruinam
> *Cum sonitu trahit*, et Danaûm super agmina latè
> Incidit.

3° Ailleurs il veut peindre le conducteur de char comme suspendu sur ses chevaux :

> Frustrà retinacula tendens
> *Fertur equis auriga*, neque audit currus habenas.
>   Illi instant verbere torto,
> *Et proni dant lora;* volat vi fervidus axis.

4° Un vers coupé après trois pieds va encore nous offrir un exemple analogue :

> *Ut primùm cessit furor*, et rabida ora quiêrunt. V.

Il s'agit de l'inspiration qui abandonne la prêtresse. Le vers marque par sa chute que l'inspiration est suspendue.

5° Un vers coupé après le quatrième pied convient bien aussi en cette circonstance [1]. Virgile décrivant un orage, dit :

> Ipse pater, mediâ nimborum in nocte, coruscâ
> Fulmina molitur dextrâ; quo maxima motu
> Terra tremit, fugère feræ, et mortalia corda
> *Per gentes humilis stravit pavor.*

Le vers qui tombe imite l'abattement des mortels.

---

[1] On peut remarquer qu'en général les coupes après des pieds complets, après le second, le troisième, le quatrième et le cinquième, sont propres à peindre une chute ou à exprimer une action surprenante. On est habitué à voir des pieds enchaînés par des césures. Quand cet enchaînement est brisé, le vers éprouve une sorte de secousse, qui rend les effets que nous venons d'indiquer.

Lorsque Encelade s'agite dans l'Etna, il ébranle toute la Sicile :

> *Et fessum quoties mutat latus*, intremere omnem
> Murmure Trinacriam.

On voit le mouvement du géant, et l'on en attend le résultat.

Iris coupe le cheveu fatal auquel est attachée la vie de Didon :

> *Sic ait, et dextrâ crinem secat :* omnis et unâ
> Dilapsus calor, atque in ventos vita recessit.

On ne saurait rendre avec un sentiment plus profond l'action d'Iris, et l'attente qui y succède.

Claudien, qui n'est pas accoutumé à produire de pareils effets, a bien exprimé l'apparition de Pluton sur la terre :

> *Apparet subitò cœli timor.*

6° Il nous reste à parler de deux *suspensions* plus frappantes encore. La première se place au milieu du cinquième pied.

Ascagne donne à Nisus et à Euryale de vaines instructions, puisqu'ils vont succomber dans leur généreuse entreprise :

> Multa patri portanda dabat *præcepta ;* sed auræ
> Omnia discerpunt. V.

Cette coupe tient le lecteur en haleine ; il désire impatiemment pénétrer ce secret que le poète sait lui faire désirer.

> Æneas scopulum intereà *conscendit,* et omnem
> Prospectum latè pelago petit. V.
> Qualis populeâ mærens Philomela sub umbrâ
> Amissos queritur fœtus, quos durus arator
> Observans nido implumes *detraxit ;* at illa
> Flet noctem, etc. V.

Reproduisons ce passage dans lequel Juvénal montre Annibal réduit à s'empoisonner, et nous y admirerons une *suspension* semblable :

> Finem animæ, quæ res humanas miscuit olim,
> Non gladii, non saxa dabunt, non *tela* ; sed ille
> Cannarum vindex, ac tanti sanguinis ultor
> Annulus.

Nous finirons par comparer Ovide et Lucain ayant tous deux à rendre une même pensée. Le premier nous montre Cérès épuisée de fatigue après avoir long-temps cherché sa fille :

> Quùm tectam gramine vidit
> Forte casam, parvasque fores *pulsavit :* at indè
> Prodit anus, etc.

Dans Lucain, César va frapper à la porte d'un pauvre pêcheur :

> Haud procul indè, domus non ullo robore fulta,
> Sed sterili junco, cannâque intexta palustri....
> Hæc Cæsar bis terque manu quassantia tectum
> Limina commovit. Molli consurgit Amyclas,
> Quem dabat alga, toro, etc.

Nous ne parlerons pas ici de l'emphase ridicule du troisième vers ; nous comparerons seulement les deux exemples sous le rapport de l'*harmonie imitative*. Ovide a senti et rendu la nature ; Lucain ne s'est pas douté des ressources de son art : il n'a été que bon versificateur ; le premier a été grand peintre.

7° La seconde de ces suspensions a lieu après le cinquième pied.

Laocoon court au secours de ses fils, et partage bientôt leurs tourmens :

> Post ipsum auxilio subeuntem, ac tela ferentem
> Corripiunt spirisque ligant *ingentibus ;* et jam
> Bis medium amplexi, etc. V.

Tableau d'un vaisseau jouet de la tempête :

> Tollimur in cœlum curvato *gurgite*, et iidem
> Subductâ ad Manes imos descendimus undâ. V.

Tibulle rend ainsi l'instant où quelqu'un interroge le sort :

> Illa sacras pueri sortes ter *sustulit* ; illi
> Rettulit è triviis omina certa puer.

5ᵉ SECTION.

HARMONIE IMITATIVE RÉSULTANT DES ÉLISIONS.

Les poètes savent aussi tirer parti de l'*élision*. Souvent indifférente, elle devient au besoin susceptible de produire des effets frappans.

On a cité bien des fois ce vers, où Virgile rend par des *élisions* accumulées la difformité de Polyphème :

> Monstr*um* horrend*um*, infor*me*, ingens, cui lumen ademptum·

On a encore remarqué celui où il peint l'hydre qui veille à la porte des enfers :

> Quinquagin*ta atris* immanis hiatibus hydra [1].

Le *hiatus* produit par le concours de ces deux voyelles offre l'image du monstre, dont on croit voir les cinquante gueules béantes.

Didon, près d'expirer, fait un dernier effort pour entrouvrir sa pesante paupière :

> Illa graves oculos cona*ta attollere*, rursùs
> Deficit. V.

---

[1] Il ne faut pas croire, comme le prétendent quelques prosodies, que les Latins supprimaient dans la prononciation les syllabes *élidées*. Qu'on demande à la poésie italienne comment il se fait qu'une voyelle se prononce dans ce cas, sans pour cela être comptée dans la mesure du vers. Loin d'être choqué de la rencontre de ces syllabes, on y trouve beaucoup de douceur et de charme.

Cette *élision* n'exprime-t-elle pas admirablement une lutte pénible avec la mort ?

L'*élision* d'un monosyllabe peint ici l'épuisement d'un homme qui remonte un fleuve :

> Non aliter quàm *qui* adverso vix flumine lembum
> Remigiis subigit. V.

Il semble qu'on partage le poids dont Encelade est accablé, quand on lit ce vers :

> Fama est Enceladi semiustum fulmine corpus
> Urgeri mo*le* hâc. V.

Cette élision est d'autant plus frappante qu'elle se résout sur un monosyllabe placé lui-même à la fin de la phrase. Qu'on mette : *Hâc mole urgeri*, l'effet est perdu.

Ovide, dans son récit de la mort d'Hippolyte, a très heureusement employé l'*élision* pour imiter le bruit des roues qui se brisent :

> Ni rota, perpetuum quæ circumvertitur axem,
> Stipitis occursu frac*ta* ac disjecta fuisset.

Racine avait peut-être admiré ce vers, avant de trouver lui-même cet hémistiche si fameux : *L'essieu crie et se rompt.*

Lebeau a senti et reproduit cet effet, lorsque, montrant Hugolin qui ronge les tristes dépouilles de son ennemi, il met :

> Frac*ta*, attri*ta* crepant (ossa).

Dans l'exemple suivant plusieurs *élisions* vont concourir à représenter le combat de deux taureaux :

> Il*li* inter sese multâ vi vulnera miscent,
> Cornua*que* obnix*î* infigunt, et sanguine largo
> Col*la* armos*que* lavant : gemitu nemus omne remugit. V.

Nous avons déjà prévenu que les moyens d'expression

ne s'excluent pas, et, dans cet exemple, on remarquera, avec les *élisions*, l'emploi multiplié du *spondée*, bien propre aussi à peindre la difficulté.

Dans quelques vers, très rares à la vérité, l'*élision* est omise à dessein. Virgile veut rendre les efforts des géans voulant entasser montagne sur montagne :

 Ter sunt conati imponere Pelio Ossam [1].

Ailleurs il veut peindre les gousses hérissées des châtaignes ; il emploie le même artifice :

 Stant et juniperi, et castaneæ hirsutæ.

6ᵉ SECTION.

HARMONIE IMITATIVE RESULTANT DES CÉSURES.

1° On rejette souvent la *césure* au troisième pied, quand on exprime un mouvement précipité. La rapidité de la prononciation supplée à l'enchaînement produit par les *césures* :

 Idem omnes simul ardor habet; rapiuntque, ruuntque,
 Littora deseruere : latet sub classibus æquor. V.
 Hæc ubi dicta, cavum conversa cuspide montem
 Impulit in latus ; ac venti, etc. V.
       Excutitur, pronusque magister
 Volvitur in caput : ast illam, etc. V.
 Namque agor ut per plana citus sola verbere turbo. Tis.

Quelle vivante peinture offre l'exemple suivant,

---

(1) L'*élision* n'est pas omise deux fois dans ce vers. La dernière syllabe de *Pelio* s'abrège, comme on le voit, au lieu de rester longue. Nous avons parlé de cette licence (chap. XII, pag. 76).

qui représente un vaisseau suspendu sur un banc de sable :

> Namque illisa vadis, dorso dùm pendet iniquo
> *Anceps, sustentata diù*, fluctusque fatigat,
> Solvitur. V.
> Ac velut in somnis, oculos ubi languida pressit
> Nocte quies, nequicquam avidos extendere cursus
> *Velle videmur*, et in mediis conatibus ægri
> Succidimus. V.

« Cette cadence, dit Rollin, qui tient le vers comme
« suspendu, n'est-elle pas bien propre à peindre les
« vains efforts que fait un homme pour marcher ? »

Le même poète décrit les signes précurseurs d'un orage :

> Continuò ventis surgentibus, aut freta ponti
> *Incipiunt agitata tumescere*, et aridus altis
> Montibus audiri fragor.

Ne semble-t-il pas en lisant ce vers : *Incipiunt agitata tumescere*, que les flots de la mer se gonflent à nos yeux ?

Nous lisons dans une églogue de Virgile :

> Hinc adeò media est nobis via : namque sepulcrum
> *Incipit apparere Bianoris :* hic, ubi densas
> Agricolæ stringunt frondes, hic, Mæri, canamus.

La beauté du second vers tient précisément à l'absence totale de *césure*. Ne voit-on pas ce tombeau qui s'élève dans le lointain : *Incipit apparere Bianoris ?*

2° Nous avons blâmé les vers qui finissent deux fois, c'est-à-dire dont la chute, après le quatrième pied, ressemble à la chute du sixième, comme :

> Ætatis cujusque notandi|sunt tibi mores. H.

---

(1) Le vieux poète Ennius a fait aussi ce vers sans *césure* que la pensée autorise :

> Disperge hostes, distrahe, diduc, divide, differ.

Ces vers n'ont pas assez de *césures*, et ils trompent l'oreille par cette double cadence finale; cependant Virgile en a fait un habile usage, lorsqu'il décrit les travaux des cyclopes :

Illi inter sese magnâ vi brachia tollunt
In numerum, versantque tenaci forcipe ferrum.

Ces deux chutes pareilles imitent parfaitement la nature : on entend le retour symétrique des coups frappés sur l'enclume.

3° L'*harmonie imitative* permet aussi quelquefois de mettre une *césure* au sixième pied.

Un bœuf est frappé d'un coup mortel :

Sternitur, exanimisque tremens procumbit humi *bos*. V.

Sa chute est exprimée par le monosyllabe *bos*.

S'agit-il de représenter une vague semblable à une montagne ?

Insequitur cumulo præruptus aquæ *mons*. V.

Tout le vers qui s'appuie sur ce petit mot, semble nous montrer la mer rassemblée en un point.

La nuit se lève; il semble qu'on la voit apparaître :

Vertitur intereà cœlum, et ruit Oceano *nox*[1]. V.

Quelle énergie dans cette manière de rendre l'immobilité d'un guerrier !

Manet imperterritus ille,
Hostem magnanimum opperiens, et mole suâ *stat*. V.

Dans Horace, le petit mot *mus* contraste très bien

---

[1] Les Grecs avaient donné l'exemple de ces effets :

ὀρώρει δ' οὐρανόθεν νύξ. Odys. Θ, 69.
πέρι δέ σφι δυσήνεμος ἐκτέταται χθών. Dionys. Perieg.

avec la pompe du vers qui montre la montagne en travail :

Parturient montes, nascetur ridiculus *mus*.

CONCLUSION.

En résumant toutes ces observations sur l'*harmonie imitative*, nous pouvons en tirer cette remarque générale, que les effets se produisent en violant les règles établies. Ce moyen est naturel : on est insensible à ce qui reste toujours dans l'ordre. C'est par d'heureuses irrégularités que les arts parviennent à nous ébranler d'une manière si puissante. Toutefois il ne faut pas abuser de ces secrets de la poésie. Une recherche inconsidérée de l'*harmonie imitative* conduit à l'exagération : il faut que les effets paraissent naturels, et que le travail ne se laisse pas apercevoir. N'allons pas, par exemple, pour mieux exprimer la rapidité, exiger absolument qu'un vers n'ait de *spondée* que le dernier pied; n'allons pas, pour peindre un objet horrible ou une action difficile, mettre une accumulation ridicule de syllabes qui se refusent à la prononciation, etc. Le génie trouve les beautés; le faux goût les dénature en les outrant.

CHAPITRE XXVI.

DU VERS PENTAMÈTRE [1].

Son usage. On sait que le vers *pentamètre*, ou *élégiaque*, ne s'emploie jamais seul. Il est toujours précédé d'un vers hexamètre, et leur réunion se nomme *distique*. Ce rhythme offre une harmonie très agréable; mais il ne convient pas à tous les sujets. Il est propre à exprimer la douleur ou la joie, et en général toutes les nuances du sentiment. On peut également lui confier une description riante et gracieuse. Le vers hexamètre a quelque chose de trop lourd pour l'épigramme : la fin rapide du vers *pentamètre* donne à la pensée quelque chose de plus piquant. Mais un sujet élevé, une scène imposante ne trouvent pas assez de pompe dans l'harmonie du vers *pentamètre*. En outre, les *distiques* offrent un repos uniforme après deux vers; le poète élégiaque ne peut faire usage de ces périodes nombreuses, de ces coupes variées qui sont à la disposition du vers hexamètre. Tibulle a voulu décrire les tourmens du Tartare; mais il a trop présumé de la puissance de l'instrument qu'il avait à sa disposition. C'est au vers majestueux, si bien manié par Virgile, qu'il faut laisser cette effroyable et sublime peinture. Properce a voulu sonder les mystères de la nature : Mais cette haute philosophie produit un bien autre effet dans le vers épique de Lucrèce et de Virgile.

Enjambement. La première loi du vers *pentamètre* est

---

(1) Voyez la note à la fin du volume.

qu'il n'enjambe jamais sur l'hexamètre. Nous voyons cette faute dans l'exemple suivant :

> Ereptum est vitâ dulcius atque animâ
> Conjugium. CAT.

Il n'est pourtant pas nécessaire que tous les vers *pentamètres* soient terminés par un point. Un moindre repos peut leur suffire. On demande seulement qu'ils présentent un sens complet, en sorte que l'on puisse à la rigueur se passer de ce qui suit. Ainsi on se contentera souvent de deux points, d'un point et virgule, et même d'une virgule, et le vers hexamètre pourra commencer par une de ces conjonctions *et*, *aut*, *nec*, *sive*, etc.

> Per tamen ossa viri subito malè tecta sepulcro,
> Semper judiciis ossa veranda meis ;
> Per*que* trium fortes animas, mea numina, fratrum,
> Qui benè pro patriâ, cum patriâque jacent ;
> Per*que* tuum nostrumque caput, etc. O.

Comme le poète a une entière liberté pour la coupe du *distique*, ses efforts doivent tendre à y introduire le plus de variété possible. Tantôt les deux vers n'offriront de repos qu'à la fin du second ; tantôt chacun séparément renfermera un sens complet ; tantôt l'idée du vers hexamètre se continuera dans le *pentamètre*, ou l'idée du *pentamètre* commencera déjà dans l'hexamètre. On conçoit que ces combinaisons peuvent se multiplier à l'infini. Nous nous bornerons à en indiquer quelques-unes :

> Donec eris felix, multos numerabis amicos ;
> Tempora si fuerint nubila, solus eris. O.
> Semisepulta virûm curvis feriuntur aratris
> Ossa : ruinosas occulit herba domos. O.
> Sed mihi quid prodest vestris disjecta lacertis
> Ilios, et, murus quod fuit antè, solum. O.
> Ossa mei fratris clavâ perfracta trinodi
> Sparsit humi : soror est præda relicta feris. O.

Cujus opes auxêre meæ : cui dives egenti
  Munera multa dedi, multa datura fui. O.

Est tibi, sitque precor, natus, qui mollibus annis
  In patrias artes erudiendus erat. O.

Sæpè fui mendax pro te mihi : sæpè putavi
  Alba procellosos vela referre notos. O.

Illa dies fatum miseræ mihi dixit : ab illâ
  Pessima mutari cœpit amoris hyems. O.

Fin du vers. Le vers *pentamètre* se termine par un mot de deux syllabes dont la quantité est un *iambe*. La dernière syllabe doit être longue de nature :

  Ipsa ego per montes retia torta *feram*. O.

ou douteuse :

  Vix Priamus tanti, totaque Troja *fuit*. O.

ou commune :

  Illo convincar judice turpis *ego*. O.

Le vers finit mal par une brève :

  Materiam cædis ab hoste *pets*.[1] O.

La recherche de cet *iambe* doit donc occuper avant tout, et il faut rarement faire usage des autres manières de terminer ce vers, dont nous allons parler.

On peut finir quelquefois : 1° par un monosyllabe, s'il est précédé d'un autre monosyllabe :

  Quod si deficiant vires, audacia certè
    Laus erit ; in magnis et voluisse *sat est*. Prop.

2° Par le verbe *est*, precédé d'une élision :

  Terra salutiferas herbas, eademque nocentes
    Nutrit, et urticæ proxima sæpè *rosa est*. O.

---

[1] L'oreille n'aime pas qu'on s'arrête sur une brève, et cependant il y a un repos exigé sur cette dernière syllabe. La règle qui dit qu'un vers peut finir indifféremment par une longue ou une brève, est bonne pour le vers hexamètre, parce que cette dernière syllabe tombe sur un temps faible. Ici c'est le contraire : la dernière syllabe semble le commencement d'un nouveau pied ; elle tombe sur un temps fort, et demande une longue.

ou d'un mot qui lui est étroitement lié par la prononciation :[1]

  Omnis an in magnos culpa Deos scelus *est*. O.

3° Par un mot de quatre ou de cinq syllabes :

  Forma nihil magicis utitur *auxiliis*. O.
  Lis est cum formâ magnâ *pudicitiæ*. O.

Il faut surtout éviter de finir ce vers par un mot de trois syllabes, comme :

  Cultor odoratæ dives Arabs *segetis*.[2] Tib.

Césure. La *césure* après le second pied est d'une nécessité absolue. Un vers où elle manque est sans harmonie :

  Mæsta nec assiduo tabescere lumina fletu
  Cessarent, neque *tristi* imbre madere genæ. Cat.

Elle doit être franche et bien sensible, comme dans ce vers :

  Tempora si fuerint nubila, solus eris. O.

On tolère à la *césure* l'élision des mots *que* ou *ve* :

  Herculis, Anteique, Hesperidumque choros. Prop.

Le verbe *est*, précédé d'une élision, forme une bonne *césure* :

  Scilicet ut fulvum spectatur in ignibus aurum,
  Tempore sic duro *est* inspicienda fides. O.

---

(1) Voyez ce qui a été dit plus haut sur la césure, ch. XXI, p. 136.

(2) Les Grecs n'ont pas connu cette règle ; et en général on peut remarquer que les Latins, en adoptant la versification de leurs maîtres, y ont ajouté des entraves auxquelles ceux-ci n'avaient pas songé. Voilà pourquoi les premiers poètes latins, qui imitaient plus scrupuleusement les Grecs, n'ont pas la sévérité qu'offre la poésie depuis le siècle d'Auguste. On trouve assez souvent dans Catulle des exemples de vers *pentamètres*, finis par des trisyllabes. Properce même et Tibulle en fourniraient quelques-uns. Mais Ovide, le modèle de la versification élégiaque, n'a, dans ses nombreux ouvrages, laissé échapper que cinq ou six vers terminés ainsi.

On admet aussi comme *césure* un monosyllabe précédé d'un autre monosyllabe :

> Nec veterum dulci scriptorum carmine musæ
> Oblectant, *quàm mens* anxia pervigilat. Cat.

Il en est de même si le monosyllabe adhère au mot précédent, de manière à ne paraître former avec lui qu'un seul mot :

> Eurybati *data sum*, Talthybioque comes. O.
> Nulla tibi *sine me* gaudia facta, neges. O.

Mais si ces conditions ne sont pas remplies, la *césure* n'est pas assez marquée :

> Quantâ in amore tuo *ex* parte reperta mea es! Cat.
> Difficile est, verùm *hoc* qualibet efficiat. Cat.

Quelquefois, comme dans le vers hexamètre, on trouve dans le vers *pentamètre* des brèves allongées par la *césure*. C'est une licence très rare qu'il ne faut pas imiter :

> Infelix Dido, nulli benè nupta marito,
> Hoc pereunte, fugis, hoc fugiente, peris. Auson.

Élision. Les poëtes semblent éviter avec le plus grand soin les *élisions* dans la seconde moitié du vers *pentamètre*. Dans Catulle même, dont la versification est moins soignée, on en trouve peu comme les suivantes :

> Suffixum in summâ me meminî esse cruce.
>   Nec fœdere in ullo
> Divûm ad fallendos numine abusum homines.

Si l'*élision* peut quelquefois être admise, c'est lorsqu'elle est douce comme *numine abusum* dans le vers précédent, et comme celles que l'on trouve dans ceux-ci :

> Detinet extremo terra aliena solo. Cat.
> Nescio, sed fieri sentio, et excrucior. Cat.
> Altaque mortali deligere astra manu. Prop.

L'*élision* de *que* et *ve* est toujours permise :
>Appositæ frondes, velleraque alba tegunt. O.

Nous avons vu plus haut qu'une *élision* peut précéder les mots *es* ou *est*, placés à la fin du vers.

L'*élision* peut être non-seulement permise, mais encore digne d'éloges, quand le poète la place pour rendre un effet :
>Quadrijugos cernes sæpè resistere equos. Q.

la résistance des chevaux est heureusement exprimée par le conflit de ces deux voyelles.

Dans le corps de ce vers, comme dans les autres, il faut éviter de multiplier les *élisions*. Qui croirait lire des *pentamètres*, en voyant ces passages de Catulle?
>Troja virûm et virtutum omnium acerba cinis.
>Quem nemo graviùs nec acerbiùs urget,
>Quàm modò qui me unum atque unicum amicum habuit.

Les vers *pentamètres* offrent aussi des vers *léonins* :
>Quærebant flavos per nemus omne favos. O.
>Si mihi quod prodest, hoc tibi, lector, obest. O.

Ces consonnances exactement pareilles doivent être évitées. Quant aux épithètes placées à la césure, et qui riment avec la fin du vers d'une manière moins frappante, elles sont beaucoup plus communes dans le *pentamètre* que dans l'*hexamètre*, et nous ne trouvons pas que les poètes se soient donné la moindre peine pour les éviter :
>Invenio causas mille poëta novas. Prop.
>Aut canerem Siculos classica bella fugæ. Prop.
>Nec læsit magnos impia lingua Deos. Tib.
>Inficitur teneras ore rubente genas. Tib.
>Est mihi per sævas impetus ire feras. O.
>Hortari celeres per juga summa canes. O.
>Imposuit nodos cui Venus ipsa suos. O.
>Terruerint animos nomina vana tuos. O.
>Non sum materiâ digna perire tuâ. O.

CHAPITRE XXVII.

DU VERS IAMBIQUE.

PREMIÈRE SECTION.

Le vers *Iambique*, comme l'indique son nom, est composé d'*iambes*. (᎗ -)

> Syllaba longa brevi subjecta, vocatur iambus,
> Pes citus, unde etiam trimetris accrescere jussit
> Nomen *Iambeis*, quùm senos redderet ictus,
> Primus ad extremum similis sibi. H.

Quoiqu'il y ait des vers *Iambiques* de différens mètres[1], on désigne plus particulièrement par cette dénomination les vers *Iambiques trimètres*, ou de six pieds, que les latins appellent *senarii*.

Ce vers mérite d'avoir la première place après l'hexamètre et le pentamètre. La tragédie et la comédie l'emploient dans le dialogue :

> Hunc socci cepère pedem, grandesque cothurni,
> Alternis aptum sermonibus, et populares
> Vincentem strepitus, et natum rebus agendis. H.

Archiloque passe pour en être l'inventeur.

> Archilochum *proprio* rabies armavit iambo. H.

ce vers fut entre ses mains consacré à la satire. Horace l'emploie avec succès pour faire l'éloge de la vie champêtre, et déplorer les désastres des guerres civiles. On voit qu'il se prête à des genres bien différens.

---

(1) Dans la dénomination d'*hexamètre* et *pentamètre*, le mot *mètre* est synonyme de pied. Dorénavant nous entendrons par *mètre*, ainsi que les grammairiens grecs, la réunion de deux pieds.

Dans Archiloque et dans Simonide, le vers *Iambique* était presque toujours pur, c'est-à-dire, composé de six iambes, comme :

Πάτερ Λυκάμβα, ποῖον ἐφράσω τόδε; A.

Catulle s'est plu à vaincre la même difficulté :

Phăsē|lŭs īl|lĕ quēm | vĭdē|tĭs, hōs|pĭtēs,
ăīt | fŭīs|sĕ nā|vĭūm | cĕlēr|rĭmūs,
Nĕque ūl|lĭūs | nătān|tĭs īm|pĕtūm | trăbĭs
Nĕquīs|sĕ prāe|tĕrī|rĕ, sī|vĕ pāl|mŭlĭs
ŏpūs | fŏrēt | vŏlā|rĕ, sī|vĕ līn|tĕō, etc.

mais ce vers est rarement employé avec cette rigueur; on dit même que les *Iambiques* purs sont proscrits de la scène.

Pour rendre ce vers plus majestueux, on a introduit le *spondée* aux pieds impairs :

Tardior ut paulò, graviorque veniret ad aures,
Spondeos stabiles in jura paterna recepit,
Commodus, et patiens; non ut de sede secundâ
Cederet, aut quartâ socialiter. H.

Le même Horace nous fournira un exemple :

Jāmjam ēf|fĭcā|cī dō | mănŭs | scĭēn|tĭæ,
Sūpplēx | et ō|rō, rē|gĭna pēr | Prōsēr|pĭnæ,
Pēr ĕt | Dĭā|næ nōn | mŏvēn|dă nū|mĭna,
Pēr āt|que lī|brōs cār|mĭnum | vălēn|tĭum
Rĕfī|xa cœl|lō dē|vŏcā|re sī|dĕra, etc.

Ce poète, autant qu'il peut, emploie l'*Iambique* pur, et il n'admet guère que le *spondée* pour remplacer l'*iambe*. Il emploie rarement les autres substitutions dont nous allons parler.

Comme une longue équivaut à deux brèves, il est permis d'employer le *tribraque* (◡ ◡ ◡) au lieu de l'*iambe*, excepté au dernier pied. Par le même principe, en décomposant le *spondée*, on trouve un *dactyle* et un *anapeste*; ces pieds pourront donc remplacer le spondée ¹.

Nous allons voir toutes ces règles appliquées dans quelques vers :

Quīcūm|que reg|nō fī|dit, et | māgnā | potens
Dŏmĭnā|tur au|la, nec | leves | mĕtŭĭt | Deos,
Animum|que re|bus cre|dulum | lætis | dedit,
Mē vĭdĕ|at, et | te, Tro|ja. Non | unquàm | tulit
Documen|ta fors | majo|ra, quàm | fragili | loco
Starent | super|bī. Cŏlŭ|men e|versum oc|cidit
Pollen|tis ăsĭ|æ, cæ|litum e|gregius | labor,
Ad cu|jus ar|mà ve|nit, et | qui fri|gidum
Septe|na Tana|īn o|ra pan|dentem | bibit...
Victam|que quam|vis vide|at, haud | credit | sibi
Potuis|se vin|ci: spoli|ă pŏpŭ|lator | rapit. Sen.²

Le vers *Iambique* proscrit surtout le *trochée* (- ᴗ). Ce pied, qui est le contraire de l'*iambe*, rompt entièrement la mesure de ce vers. On doit aussi éviter avec soin le *pyrrique* (ᴗ ᴗ).

---

(1) Spondeon, *et quos iste pes ex se creat*
  Admiscuerunt, impari tamen loco,
Pedemque primum, tertium, quintum quoque
Juvère paulò syllabis majoribus,
At qui cothurnis regios actus levant,
Ut sermo pompæ regiæ capax foret,
Magis magisque latioribus sonis
Pedes frequentant, servatâ lege tamen,
Dùm pes secundus, quartus et novissimus
Semper dicatus uni iambo serviat. (Terent. Maur.)

(2) L'emploi de quelques-unes de ces substitutions se trouve déjà dans Archiloque:

  οὐ γάρ τι καλὸς χῶρος, οὐδ' ἐφίμερος,
  οὐδ' ἐρατός, οἷος ἀμφὶ Σίριος ῥοάς.

1re *Remarque*. On a cru à tort que ces règles étaient violées dans quelques vers. On trouve dans Sénèque :

 Leve est miserias ferre, perferre grave.

on a vu ici un *trochée* au cinquième pied : mais la brève est allongée par les deux consonnes qui suivent, et l'on a un *spondée* :

       Perfērrē grave.

de même :

      Undīquē scopuli adstrepunt. Sen.

et dans Catulle :

 Propontĭdā, trucemque Ponticum sinum.

le troisième pied ne peut être un *anapeste* :

 Et qui redire, quàm *periit*, nescit pudor. Sen.

Periit ne fait ici que deux syllabes : *perít*. C'est une *synérèse*.

De même dans le vers suivant il n'y a pas de *dactyle* au sixième pied :

 Et fata, vici, morte contemptá, *redii*. Sen.

il faut scander : *redí*.

2e *Remarque*. Dans l'usage des différens pieds que reçoit le vers *Iambique*, il faut éviter :

1º L'*anapeste* au troisième pied ;
2º L'*iambe*, le *dactyle* et le *tribraque* au cinquième ;
3º Le *tribraque* au premier pied ;
4º Deux *tribraques* de suite.

Nous allons donner un tableau des différens pieds qui peuvent entrer dans le vers *Iambique*, tels que nous les trouvons dans Sénèque, dont la versification a été louée par les grammairiens latins.

Tableau du vers Iambique.

PREMIER MÈTRE ou PREMIÈRE DIPODIE.		DEUXIÈME.		TROISIÈME.
○ –	○ –	○ –	○ –	○ ○
	○ ○ ○	○ ○ ○	○ ○ ○	
– –		– –		– –
– ○ ○	– ○ ○	– ○ ○		
○ ○ –				○ ○ –

2ᵉ SECTION.

CADENCE.

FIN DU VERS. Le vers *Iambique* doit, ainsi que le vers pentamètre, finir par un mot de deux syllabes, dont la quantité soit un *iambe*. Ce mot est quelquefois un *pyrrique*.

> O magna vasti Creta dominatrix *freti*,
> Cujus per omne littus innumeræ *rates*
> Tenuêre pontum, quidquid Assyriâ *tenùs*
> Tellure Nereus pervium rostris *secat* :
> Cur me in penates obsidem invisos *datam*,
> Hostique nuptam, degere ætatem in *malis*,
> Lacrymisque cogis? etc. SEN.

1ʳᵉ *Remarque*. Le vers finit bien par le verbe *est*, précédé d'une élision :

> Patefacta ab imis Manibus via *est*. SEN.

2ᵉ *Remarque*. Quelquefois le vers *Iambique* est terminé par un mot de trois syllabes ; mais alors ce mot est précédé d'une élision, comme on peut s'en convaincre en lisant la première scène de Sénèque :

Ac templa summi vidua deserui *Ætheris*. vers	3
Pariterque natus astra promissa *occupet*.	23
Mea vertit odia. Dùm nimis sæva *impero*.	35
Minorque labor est Herculi jussa *exsequi*;	41
Quam mihi jubere. Lætus imperia *excipit*.	42
Vidi ipsa, vidi nocte discussâ *infertim*.	50
Et terna monstri colla devicti *intuens*.	62
Cœlo timendum est : regna ne summa *occupet*.	64
Perge ira, perge, et magna meditantem *opprime*.	75
Adsint ab imo Tartari fundo *excitæ*.	86
Fugisse credis? Hic tibi ostendam *inferos*.	91
Educam, et imo Ditis è regno *extraham*.	95
Incipite famulæ Ditis, ardentem *incitæ*.	100
Concutite pinum, et agmen horrendum *anguibus*	101
Megæra ducat.	

3ᵉ *Règle*. On finit mal par un mot de quatre syllabes :
Revocabo in altâ conditam *caligine*. Sen.
Intactus aut Britannos ut *descenderet*. H.

Césure. Le vers *Iambique* prend ordinairement une *césure* après la première dipodie. Cette *césure* est brève ou longue, puisque le troisième pied peut être un *iambe*, un *spondée*, ou un de leurs dérivés :

Jam nocte Titan dubius expulsâ redit,
Et nube mæstum squallidâ exoritur jubar,
Lumenque flammâ triste luctificâ gerens,
Prospiciet avidâ peste solatas domos,
Stragemque, quam nox fecit, ostendet dies. Sen.

On peut voir ce qui a été dit sur la *césure*, au vers hexamètre (chap. XXI, pag. 136), et l'on approuvera les *césures* suivantes :

(Monstrum) pestilens, atrox, ferum
Fractum atque domitum *est*. Sen.
Minorque labor *est* Herculi jussa exsequi. Sen.

Privé de cette *césure*, le vers a peu de grace :

Roges, tuum labore quid juvem meo?.
Quæ sidera excantata voce Thessalâ. H.

Un vers est défectueux lorsqu'il tombe après chaque dipodie [1] :

Non unquàm tulit
Documenta sors | majora quàm | fragili loco
Starent superbi. SEN.
Non Afra avis | descendat in | ventrem meum. H.
Ut assidens | implumibus | pullis avis. H.

A plus forte raison quand tous les pieds tombent isolément :

Sed nos | illic | nunquàm | fuit | patri | meo. PLAUT.

ENJAMBEMENT. Le vers *Iambique* peut rejeter un pied ou un pied et demi :

Nec Sphynga cæcis verba nectentem modis
Fugi. Cruentos vatis infandæ tuli
Rictus, et albens ossibus sparsis solum. SEN.
Infanda timeo, ne meâ genitor manu
Perimatur; hoc me Delphicæ laurus monent. SEN.
Vel ante Achillis busta furibundâ manu
Occidere Pyrrhi. SEN.
Denegat fructum Ceres
Adulta. SEN.
Hinc aura primo lenis impellit rates
Allapsa. SEN.

Mais le rejet le plus harmonieux et le plus fréquent est celui de deux pieds et une césure :

Inter ruinas urbis, et semper novis
Deflenda lacrymis funera, ac populi struem,
Incolumis adsto. SEN.

---

(1) Pessimus versus qui singula verba in dipodiis habet, ut :
Præsentium | divinitas | cœlestium.

(Marius Victor.)

> Deserait amnes humor, atque herbas calor,
> *Aretque Dirce*. Sen.

Il ne faut pas cependant que cette coupe soit prodiguée, comme nous le voyons dans l'exemple suivant :

> Quin ipsa tanti pervicax clades mali
> *Siccavit oculos :* quodque in extremis solet,
> *Periére lacrymæ.* Portat hunc æger parens
> *Supremum ad ignem :* mater hunc amens gerit. Sen.

3ᵉ SECTION.

DU VERS IAMBIQUE TRIMÈTRE DE PHÈDRE ET DES COMIQUES.

I. Phèdre ne s'est pas astreint aux règles sévères que nous venons de poser. Il a fait usage de l'*Iambique libre*, qui n'exige un *iambe* qu'au dernier pied :

> Æso|pus auc|tor quam | mătĕrĭ|am rep|perit,
> Hanc ego | poli|vi ver|sibus | sena|riis.
> Duplex | libel|li dos | est; quod | risum | movet,
> Et quod | pruden|ti vi|tam con|silio | monet.
> Calum|nia|ri si | quis au|tem vo|luerit
> Quod ar|bores | loquan|tur, non | tantum | feræ;
> Fictis | joca|ri nos | memine|rit fa|bulis.

Ainsi les cinq premiers pieds de l'*Iambique libre* sont : *tribraque*, *spondée*, *dactyle* ou *anapeste* [1].

Mais le *trochée* et le *pyrrique* ne peuvent être admis dans ce vers, et l'on espérerait en vain en trouver des

---

[1] Il est inutile, pour quatre exemples qui se trouvent dans Phèdre, d'établir que le premier pied peut être un *procéleusmatique* ou quatre brèves, comme :

> *Beneficium* magnum sanè natali dedit.

beneficium ne doit compter que pour quatre syllabes. Voyez pag. 77 et plus loin pag. 205.

exemples dans Phèdre. Les vers suivans, comme on va le voir, ne détruisent pas ce principe général :

> Delusa ne spes ad querelam *recidat*.

il faut écrire *reccidat*, qui se trouve souvent dans Ovide. Properce a dit de même :

> *Reccidit* inque suos mensa supina pedes.

On lit ailleurs :

> Ad cœnam Vulpes dicitur Ciconiam
> Prior invitâsse, et illi in patinâ *liquidam*
> Posuisse sorbitionem.

Le mot *liquidus* a toujours dans Virgile et dans Horace les deux premières brèves ; mais avant eux la première pouvait être longue, comme le prouve ce vers de Lucrèce :

> Crassaque conveniunt liquidis, et *liquida* crassis.

Phèdre met encore :

> Sanctamque uxorem deprimit *suspicio*.

la syllabe *pi* est brève dans *suspicor* ; il paraît pourtant qu'elle est commune dans *suspicio* :

> Oblinitur, minimæ si qua est *suspicio* rimæ. Mart.

Le *pyrrique* ne s'y rencontre pas davantage :

> Accepit partem, quùm *reliquum* posceret.

il faut scander : *reliquum* (quatre syllabes). C'est une *diérèse* de même que dans ce vers :

> Inter *reliquas* merces atque obsonia.

Quelques difficultés qui pourraient encore se rencontrer seront facilement résolues, si on se rappelle ce qui a été dit sur les licences poétiques (chap. xiv, pag. 72). Ainsi, dans l'exemple suivant :

> Felique et catulis largam præ*buerunt* dapem;

on a un *dactyle* au cinquième pied, parce que la pénultième a été abrégée. Dans ce vers :

Abiturus illùc quò priores abierunt.

on a un *iambe* par la même licence :

Vide ne dolone collum compungam tibi.

vide, quoique de la deuxième conjugaison, fait quelquefois la dernière brève :

Sed quid opus teneras mordaci radere vero
Auriculas ? *vide* sis ne majorum tibi forte
Limina frigescant. Pers.

on dit de même :

Tu *cave* defendas, quamvis mordebere dictis. O.

II. Les Comiques ont encore pris plus de licences dans leur versification. L'*iambe* est toujours conservé à la fin du vers ; mais les premiers pieds, abandonnés un peu au caprice, présentent quelquefois beaucoup d'embarras. Nous n'entrerons pas dans les longues discussions qu'a fait naître cette espèce de désordre. Nous nous contenterons d'indiquer quelques points principaux.

Il faut, autant qu'on peut, s'en tenir aux pieds déjà connus, l'*iambe*, le *tribraque*, le *spondée*, le *dactyle* et l'*anapeste*. Beaucoup de difficultés peuvent se résoudre par les remarques suivantes :

1° Les anciens poètes latins pouvaient terminer en *u* devant une consonne au lieu de *us*, en *i* au lieu de *is*, les mots où cette syllabe n'était pas longue de nature :

Hocce locutu', vocat, etc.
   Volito vivu' per ora virûm. Enn.
Sceptra potitus, eàdem aliis sopitu' quiete est. Lucr.

Ainsi on lira de cette manière les vers suivans :

Mala mens, malus animu'. Quem quidem ego si sensero. T.
Non minu' quàm vostrum quivis formidet malum. Plaut.

VERS IAMBIQUE. 197

Vobis fecissent quid benefactis meu' pater. PLAUT.
Dixi futuram hanc? Deu' sum : commutavero. PLAUT.

On voit souvent aussi la contraction suivante :

Sed quid *opu' st* verbis? sin eveniat quod volo. TER.
Et nunc Amphitryo præfect*us' st* legionibus. PLAUT.

2° La rapidité de la prononciation a dû introduire beaucoup de *synérèses* dans une versification qui reproduit le langage familier [1] :

Ut pernoscatis, ecquid *spei* sit reliquum. TER.
Id gratum *fuisse* adversum te, habeo gratiam. TER.
Scias posse habere jam ipsum *suæ* vitæ modum. TER.
Nam cum Telebois bellum est Thebano *poplo*. PLAUT.
Ut conquisitores *singuli* in subsellia. PLAUT.

3° Les Comiques ont aussi recours à la *diérèse*, comme on a pu le remarquer dans ce vers :

Ut pernoscatis ecquid spei sit reliqüum. TER.

4° Ils omettent quelquefois l'*élision*, surtout lorsque la syllabe qui devrait être *élidée* est séparée de la suivante par un repos :

---

(1) Aucune langue dans la conversation ne fait ressortir toutes les syllabes. Les Français, par exemple, n'articulent pas la plupart des *e* muets, que l'orateur, et surtout le poète sont obligés de rétablir. La versification des comiques latins ressemble assez à un genre de poésie qui a chez nous bien peu de noblesse, dans lequel il est permis de supprimer les *e* muets.

Nos vieux poètes avaient quelquefois la même licence :
Le grand autel est une haülte roche
De *tell'* vertu, que si aulcun amant
La veut fuyr, de plus près s'en approche...
Je te *supply* (si onc en ces bas estres),
Daignas ouyr chansonnettes champestres...
Mais quelle *durté* est soubs vos peaulx tant doulcettes. MAROT.

CHAPITRE XXVII.

Sub peta*so* : id sig*num* Amphytrioni non erit. Plaut.
Percussit illicò ani*mum*. At, at hoc illud est. Ter.

Cependant les pieds ci-dessus indiqués seront quelquefois insuffisans, et il faudra reconnaître que les Comiques emploient le *procéleusmatique* ($\smile\smile\smile\smile$).

*Ita fac*iam hoc primùm in hàc re prædico tibi. Ter.

Le *crétique* (- $\smile$ -) :

Manendum s*oli sine illà*. Quid tùm postea ? Ter.
Pro uxore habere hanc pereg*rinam*. *Ego il*lud sedulò. T.
Futuras esse aud*ivit ; sed ip*se exit foràs. Ter.
*Sive qui ip*si ambissent, seu per internuntium. Plaut.
Quive, quo placeret alter, ferissent minùs. Plaut.

Le *bacchius* ($\smile$ - -) :

Quidquam attinere. *Enimve*ro spectatum satis. Ter.
Nam qui cum ingeniis conflicta*tur eju*smodi. Ter.
Quæ ibi aderant, fortè unam adspicio ad*olescen*tulam. T.
Tametsi pro imperio vobis quod dictum foret. Plaut.
Sed Amphytrionis il*lic est servos* Sosia. Plaut.

Et encore, en généralisant le principe que nous avons posé (n° 2), ces exemples pourraient être ramenés aux règles ordinaires du vers *Iambique* :

Siv' qui *ip*si ambissent, etc.
Quæ ibi aderant, fortè unam adspicio ad'*lescen*tulam.
T*metsi* pro imperio, etc.

Au reste, cette incorrection, si pardonnable à de premiers essais, fut sentie plus tard, et relevée plus d'une fois par les Latins. Cicéron dit de ces poètes :// *Comicorum senarii propter similitudinem sermonis sic sæpè fiunt abjecti, ut nonnunquàm vix his numerus et versus intelligi possit* (Orat. cap. lv).

At nostri proavi Plautinos et *numeros*, et
Laudavère sales, nimiùm patienter utrumque
Ne dicam stultè mirati. H.
Et Terentianus Maurus: *in metra peccaverunt inscitiâ.*

4° SECTION.

DU VERS SCAZON.

On appelle *scazon* (σκάζω), en latin *claudus*, un vers Iambique *trimètre*, dont le dernier pied est un *spondée*. Hipponax et Ananius sont regardés comme les inventeurs de ce vers [1]. Le *scazon* doit avoir l'*iambe* au second, au quatrième et surtout au cinquième pied; le premier et le troisième peuvent être des *spondées*.

> Sī nōn | mŏlēs|tum ēst, tē|quĕ nōn | pĭgēt , | Scāzŏn,
> Nōstrŏ | rŏgā|mūs pau|că vēr|bă Mā|tērnō
> Dīcās | in au|rēm , sīc|ŭt au|dĭāt | sōlŭs. Mart.

Ce vers a souvent été employé par Martial.

> O quid | solu|tis est | bea|tius | curis?
> Quùm mens | onus | repo|nit, ac | pere|grino
> Labo|re fes|si ve | nimus | larem ad | nostrum,
> Desi|dera|toque ad | quies|cimus lecto! Cat.

5° SECTION.

DU VERS SATURNIUS.

L'antiquité de ce vers demande que nous en disions quelques mots. Les uns lui donnent une origine étrusque; d'autres en rapportent l'invention à Nævius; enfin on pense, et cette opinion nous paraît la plus probable, que les Latins ont emprunté aux Grecs ce vers, comme tous les autres. Euripide et Callimaque en ont fait usage.

---

(1) Théocrite a fait à Hipponax cette épitaphe en vers *scazons* :
Ὁ μουσοποιὸς ἐνθάδ᾽ Ἱππῶναξ κεῖται·
εἰ μὲν πονηρός, μὴ ποτέρχευ τῷ τύμβῳ.

Le vers héroïque d'Ennius fit tomber en désuétude le vers *Saturnius* :

> Græcia capta ferum victorem cepit, et artes
> Intulit agresti Latio. Sic *horridus ille*
> Defluxit *numerus Saturnius*, et grave virus
> Munditiæ pepulére ; sed in longum tamen ævum
> Manserunt, hodièque manent vestigia ruris. H.

Le vers *Saturnius* n'est autre chose qu'un vers *Iambique trimètre*, auquel on a ajouté une syllabe :

> Sūmmās | ŏpēs | quī rē|gūm rē|gĭās | rĕfrē|gĭt. Næv.

Nous voyons dans Servius comment on scandait ce vers : *Saturnius constat Iambico dimetro catalectico et ithyphallico*, c'est-à-dire d'un Iambique de trois pieds et demi, et de trois *trochées* :

> Isīs | pĕrēr|răt ōr|bĕm | crĭnĭ|bŭs sŏ|lūtis.

Terentianus Maurus l'envisage sous le même point de vue :

> Ut : *si vocet camœnas quis novem sorores...*
> Et : *Nævio poëtæ sic ferunt Metellos,*
> *Quùm sæpè læderentur, esse comminatos :*
> *Dabunt malum Metelli Nævio poëtæ ;*
> *Dabunt malum Metelli*, clauda pars dimetri...
> Post *Nævio poëtæ*, tres vides trochæos,
> Nam nil obstat trochæo, longa quod suprema est.

Nous avons encore l'épitaphe de Nævius, faite par lui-même. Elle est en vers *Saturnius*, moins réguliers que les précédens : on y voit toute la confiance du poète. Le *exegi monumentum* d'Horace, et le *jamque opus exegi* d'Ovide, ne sont rien auprès de cette fastueuse inscription :

> Immortales mortales flere si foret fas,
> Ferent Divæ Camœnæ Nævium poëtam.
> Itaque postquam est Orcino traditus thesauro,
> Obliti sunt Romæ loquier latinâ linguâ.

6ᵉ SECTION.

AUTRES ESPÈCES DE VERS IAMBIQUES.

Iambique dimètre. Il est composé de quatre pieds. Le second et le quatrième sont des *iambes*, quelquefois des *tribraques*. Le premier et le troisième peuvent être *spondées* ou *tribraques* :

    Ut prĭs|că gēns | mōrtā|lĭūm. H.
    Vĭdē|rĕ prŏpĕ|rāntēs | dŏmūm. H.
    Cănĭdĭ|ă trāc|tāvīt | dăpēs. H.

Ce vers est composé de pieds complets : on dit alors qu'il est *acatalectique*. On l'emploie rarement seul.

Anacréontique. C'est un *Iambique dimètre* auquel il manque une syllabe, ou *catalectique*. Le premier pied est un *iambe*, un *spondée* ou un *dactyle* ; les autres sont des *iambes* :

    Ut tĭ|grĭs ōr|bă nā|tĭs
    Cūrsū | fŭrēn|tĕ lūs|tĭāt
    Gāngē|tĭcūm | nĕmŭs : | sīc
    Frēnā|rĕ nēs|cĭt ī|rās
    Mĕdē|lă, nōn|ămō|rēs. Sen.

Dimètre hypermètre. Le *dimètre hypermètre* ou *hypercatalectique* est composé de quatre pieds, plus une syllabe :

    Lēnēs|quĕ sūb | nōctēm | sŭsŭr|rī...
    Stĕtē|rĕ caŭ|sae cūr | pĕrī|rēnt. H.

Ce vers fait partie de la strophe *Alcaïque* dont il sera bientôt parlé. Il ne s'emploie pas seul.

Trimètre catalectique. Ce vers, composé de cinq pieds et demi, peut recevoir le *spondée* au premier et au troisième pied : le quatrième et le cinquième sont des *iambes* :

Trăhūnt|quĕ sīc|cās mā|chĭnāe | cărī|nās...
Mĕā | rĕnī|dĕt ĭn | dŭmō | lăcŭ|nār...
Ignō|tŭs hāe|rēs rē|gĭam ōc|cŭpā|vi..
Seū pōs|căt, āg|nā, sī|vĕ mā|lĭt, hāe|dō. H.

Tétramètre catalectique. Ce vers est très usité dans la comédie. Les Latins l'appellent *septenarius*. Il a sept pieds, plus une syllabe ; il reçoit le *spondée* aux lieux pairs. On le partage en deux parties ; il doit y avoir un repos après les deux premiers mètres :

Quĭd īm|mĕrēn|tĭbūs | nŏcēs? | quĭd īn|vĭdēs | ămī|cīs? Ter.
Nām sī | rĕmīt|tēnt quīd|pĭām | Phĭlŭ|mēnām | dŏlō|rēs. *Id.*

Ce vers est *asynartète*;[1] le milieu ressemble à une fin de vers, et en a tous les priviléges. Une brève pourra donc à cet endroit devenir longue ; l'élision pourra ne pas avoir lieu :

Sed si tibi viginti minae| argenti proferentur,
Quo nos vocabis nomine ? | libertos non patronos?
Id potiùs : viginti minae| hic insunt in crumenâ. Plaut.

Tétramètre acatalectique. Ce vers, dont on dit qu'Alcée fut l'inventeur, n'a été employé ni par les tragiques ni par les comiques grecs. Les Latins en ont fait un fréquent usage au théâtre. On lit ces vers dans Cicéron (Q. T. 11. 16.)

ō Pā|trŏclēs,|ād vōs | ādvĕnī|ēns, āu|xĭlĭum ēt| vēstrās | mănūs
Pĕtō prī|ūsquām ōp|pĕtām|mălām|pēstēm|dătam hōs|tī|lī|mănū
Seū sān|guĭs īl|lō pŏtĭs | ēst pāc|tō prō|flŭēns | cōnsīs|tĕrĕ,
Seū quĭd | săpĭēn|tĭā | māgĭ' vēs|trā mōrs| dēvī|tārī | pŏtēst.
Nāmque Æs|cŭlā|pī lī|bĕrō|rūm, saŭ|cĭī ōp|plēnt pōr|tĭcŭs.

---

(1) On appelle ainsi les vers composés de deux ou de plusieurs parties isolées (ἀ, συναρτάω, *non conjungi.*)

Attius, vieux poète tragique, a laissé quelques vers *Iambiques tétramètres* :

Propter te tantasque habemus vastitates funerum...
Tunc sylvestres exuvias lævo pictas lateri accommodant...
Tun' dia Medea es, cujus aditum expectans, pervixi usque adhūc.

Les Comiques coupent ce vers d'une manière différente. Plaute le fait *asynartète*, et le coupe comme le *septenarius*, après la deuxième dipodie :

Ille navem salvam nunciāt, | aut irati adventum senis.
Pater vocat me, cum sequōr | ejus dicto imperio sum obsequens.
Capiam coronam mi in capūt | assimulabo me esse ebrium.
Atque illuc sursùm escenderō : | indè optimè aspellam virum.

Et ailleurs :

O Troja, o patria, o Pergamūm, | o Priame, periisti, senex.

Térence le coupe au milieu du cinquième pied :

Sed quidnam Pamphilum exanimatum | video ? Vereor quid siet.
Si illum relinquo, ejus vitæ timeo : | sin opitulor, hujus minas.

CHAPITRE XXVIII.

VERS ET STROPHE ALCAÏQUES.

Ce rhythme si harmonieux a, comme son nom l'indique, Alcée pour inventeur. Il nous reste quelques fragmens de ce poète. Nous citerons de lui une strophe, pour montrer comment Horace a modifié la manière de son maître :

οὐ χρὴ κακοῖσιν θυμὸν ἐπιτρέπειν·
προκόψομες γὰρ οὐδὲν ἀσάμενοι,
Ὦ Βύκχι· φάρμακον δ' ἄριστον
οἶνον ἐπιχάμενος μεθυσθῆν.

Les deux premiers vers, qui ont spécialement reçu le nom d'*Alcaïques*, se composent ainsi :

$$\overset{\smile}{-} - | \smile - | \overset{\smile}{-} | - \smile \smile | - \smile \smile |$$

Ce vers a donc quatre pieds et une césure : le premier

est un *iambe* ou un *spondée*, le second un *iambe*; puis vient la césure, qui est longue ou brève; enfin ce vers finit par deux *dactyles*.

Le troisième vers de la strophe est un *Iambique*, *dimètre*, *hypermètre*, dont nous avons parlé dans le chapitre précédent. Mais le vers grec est moins gêné que le vers latin. Il admet partout l'*iambe* :

$\overset{\smile}{-} - | \smile - | \overset{\smile}{-} - | \smile - | -$

Le dernier vers, appelé *Alcaïco-dactylique*, a quatre pieds, dont deux *dactyles* et deux *trochées*.

HORACE, guidé sans doute par le besoin de sa langue, a fait dans cette strophe un plus grand usage du *spondée*. Ainsi, dans l'*Alcaïque* proprement dit, le premier pied est presque toujours un *spondée*, et la césure est toujours longue :

  Vēlox | amae|nūm | saepĕ Lu|cretĭlem
  Mūtat | Lycae|ō | Faunus, etc.

On trouvera rarement un *iambe* au premier pied, comme dans ces vers :

  Vĭdes | ut al|tā | stet nivĕ | candĭdum
  Sorac|te.
  ămo|re pec|cas.| Quidquid ha|bes, age.

L'*Iambique* n'est pas libre comme celui d'Alcée. Le *spondée* et l'*iambe* y sont entremêlés d'une manière rigoureuse.

  Spārsīs|sĕ nōc|tūrnō | crŭō|rĕ...
  Pūgnās | ĕt ēx|āctōs | tŭrān|nōs.

STROPHE ALCAÏQUE.

  ō Dī|vă grā|tūm | quae rĕgĭs | āntĭŭm,
  Prāesēns | vĕl ī|mō | tōllĕrĕ | de grădū
  Mōrtā|lĕ cōr|pŭs, vĕl | sŭpēr|bōs
  Vērtĕrĕ | fūnĕrĭ|bŭs trĭūmphōs.

Dans les deux premiers vers, la *césure* après le second pied, presque toujours respectée par Alcée, l'est aussi par Horace. Le peu de vers où elle ne se trouve pas manquent d'harmonie :

> Spectandus in certamine Martio...
> Mentemque lymphatam Mareotico.

Un monosyllabe, précédé d'un signe de ponctuation, ne peut tenir lieu de *césure* :

> Non est meum, *si* mugiat Africus.

Mais la *césure* est bonne dans ce vers où le monosyllabe est précédé d'un autre monosyllabe :

> Venale sed *non* eloquium tibi. STAT.

On doit éviter l'*élision* à la *césure* :

> Mentem sacer*dotum* incola Pythius. H.
> Non æstuosæ grata Calabriæ
> Armenta : non *aurum*, aut ebur Indicum [1].

L'*Alcaïque* finit mal par un monosyllabe :

> Cur non vel altà sub platano, vel *hâc*
> Pinu jacentes.

L'*Iambique* n'a pas de *césures* fixes :

> Frustrà per autum*nos* nocentes.
> Sedes*que* discre*tas* piorum.
> Enavigan*dâ*, sive reges.

L'important est que les pieds ne soient pas décousus.

Le *Dactylique* demande aussi cet enchaînement dans les pieds. Il doit avoir une ou deux *césures* :

> Sisyphus Æo*lides* laboris.
> Corpori*bus* metuemus Austrum.
> Sive inop*es* eri*mus* coloni.

---

(1) On trouve dans Horace les deux vers suivans :
> Vos lene consi*lium* et datis, et dato
> Gaudetis.
> Hinc omne prin*cipium*, hùc refer exitum.

Ils rentrent dans la classe des précédens au moyen d'une *synecphonèsis* ou *synérèse* :

> Vōs lĕ|nē cōn|sīl.lĭum ĕt dătīs|etc.

Il ne faut pas imiter les suivans :

> Quæ caret ora cruore nostro ?
> Hospitis ille venena Colchica.

Le sens n'est pas complet à la fin de chaque strophe. Il faut savoir combiner d'une manière harmonieuse les différens membres de la phrase :

> Quàm penè furvæ regna Proserpinæ,
> Et judicantem vidimus Æacum
>   Sedesque discretas piorum, et
>   Æoliis fidibus querentem,
> Sappho puellis de popularibus,
> Et te sonantem pleniùs aureo,
>   Alcæe, plectro, dura navis,
>   Dura fugæ mala, dura belli.

Dans les fragmens d'Alcée qui nous restent il y a toujours un repos à la fin des strophes, et l'on conçoit que ce repos était nécessaire, puisqu'alors les vers devaient être chantés. Ceux d'Horace ne l'étaient pas, et de là cet enjambement des strophes.

Stace (Sylv. IV, 5) a fait une ode dans laquelle les repos reviennent symétriquement après quatre vers.

> Nunc cuncta veris frondibus annuis
> Crinitur arbos, nunc volucrum novi
>   Questus, inexpertumque carmen,
>   Quod tacitâ statuére brumâ.
> Nos parca tellus, pervigil et focus,
> Culmenque multo lumine sordidum
>   Solantur, exemptusque testâ,
>   Quâ modo ferbuerat, Lyæus. etc.

Remarque. C'est une règle générale que l'*élision* n'a pas lieu d'un vers à l'autre. Cette règle est applicable en général à la strophe *Alcaïque*.

Hiatus entre le premier vers et le second :

> Di me tuentur : Dis pietas me*a*,

Et musa cordi est...
Suspecta Cyrum, ne malè dispari
Incontinentes injiciat manus.

Entre le second et le troisième :

Quem sors dierum cumque dabit, lucro
Appone : nec dulces amores...
Quærunt latentes, et thyma deviæ
Olentis uxores mariti.

Entre le troisième et le quatrième :

Deprome quadrimum sabinā
O Taliarche, merum diotā.
Sperare, fortunāque dulci
Ebria. Sed minuit furorem, etc. H.

Deux fois cependant, à l'exemple d'Alcée, Horace réunit deux vers par la prononciation, et fait l'*élision* de l'un à l'autre :

Versatur urnâ, seriùs, ociùs,
Sors exitura, et nos in aeternum
Exilium impositura cymbae.
Cætera fluminis
Ritu feruntur, nunc medio alveo
Cum pace delabentis Etruscum
In mare, nunc lapides adesos, etc.

2ᵉ *Remarque.* Horace a une fois allongé la *césure* :

Si non perirēt immiserabilis
Captiva pubes. ¹

Une fois il a omis l'*élision :*

Iam Dædaleō ocyor Icaro.

---

(1) Quelques critiques pensent qu'il faut lire *perirent*.

CHAPITRE XXVIII.

DU VERS ASCLÉPIADE.

Ce vers qui, dit-on, doit son nom à un certain *Asclépias*, ne diffère du vers *Alcaïque* qu'en ce qu'il a au second pied un *dactyle* au lieu d'un *iambe*. Le premier pied est toujours un *spondée*.

VERS ALCAÏQUE.				
− − rarement ⏑ −	⏑ −	− ⏑ ⏑	− ⏑ ⏑	− ⏑ ⏑
VERS ASCLÉPIADE.				
− −	− ⏑ ⏑	−	− ⏑ ⏑	− ⏑ ⏑

Le vers *Asclépiade* peut s'employer seul :

Mēcāe|nās ătă|vīs | ēdĭtĕ | rēgĭbŭs,
ō ēt | prāesĭdĭ|ŭm, ĕt| dūlcĕ dĕ|cŭs mĕŭm,
Sūnt quōs | cūrrĭcŭ|lō | pūlvĕrem ŏ|līmpĭcŭm
Cōllē | gīssĕ jŭ|vāt, etc. H.

Quand les vers *Asclépiades* sont ainsi placés de suite, il faut avoir soin de varier les coupes. La plus agréable et la plus fréquente consiste à rejeter deux pieds et demi ou la *penthemimeris* :

Luctantem Icariis fluctibus Africum
Mercator metuens, otium et oppidi
Laudat rura sui. H.
Me doctarum hederæ præmia frontium
Dis miscent superis : me gelidum nemus,
Nympharumque leves cum Satyris chori
Secernunt populo. H.

on rejette bien un *spondée* :

    Gaudentem patrio findere sarculo
    Agros, Attalicis conditionibus
    Nunquàm dimoveas, etc. H.
    Nec partem solido demere de die
    Spernit, nunc viridi membra sub arbuto
    Stratus, nunc ad aquæ lene caput sacræ. H.

Quelquefois aussi on rejette trois longues :

    Manet sub Jove frigido
    Venator, teneræ conjugis immemor. H.
    Donarem tripodas, præmia fortium
    Graiorum : neque tu pessima munerum
    Ferres. H.

On doit rarement se permettre une *élision* à la *césure* :

    Exegi monumen*tum* ære perennius. H.

surtout s'il y a un repos avant les deux *dactyles* :

    Non omnis moriar; multaque pars mei
    Vitabit Libiti*nam* : usque ego posterá
    Crescam laude recens. H.

Un monosyllabe, précédé d'un signe de ponctuation, fait une mauvaise *césure* :

    Quod non imber edax, non aquilo impotens
    Possit diruere, *aut* innumerabilis
    Annorum series. H.
    Per quæ spiritus, *et* vita redit bonis. H.

Ce vers, composé de douze syllabes, et qui a repos obligé après la sixième, se rapproche beaucoup de notre vers *alexandrin*. Aussi en sentons-nous bien la mesure, et en goûtons-nous parfaitement l'harmonie.

CHAPITRE XXIX.

VERS ET STROPHE SAPHIQUES.

Sapho a donné son nom à cette strophe charmante, et qui ne le cède en rien à la strophe *Alcaïque*. Nous en chercherons les règles primitives dans les deux seules odes de Sapho que le temps nous ait conservées :

Ποικιλόθρον', ἀθάνατ' Ἀφροδίτα,
Παῖ Διὸς, δολοπλόκε, λίσσομαί σε,
Μή μ' ἄσαισι, μηδ' ἀνίαισι δάμνα,
Πότνια, θῦμον.

Les trois premiers vers, qu'on nomme *Saphiques*, peuvent se scander ainsi :

$$- \cup\ |\ -\ \cup\ |\ -\ \cup\ |\ \cup\ -\ |\ \cup\ -\ |\ \cup$$

Alors ce vers sera *trimètre catalectique* : les trois premiers pieds seront des *trochées*, et les deux derniers des *iambes*, suivis d'une syllabe brève ou longue.

Le second pied est souvent un *spondée* :

Ἀλλὰ τυίδ' ἔλθ', αἴ ποκα κἀτέρωτα
Τᾶς ἐμᾶς αὐδᾶς ἀΐοισα πόλλυ
Ἔκλυες [1].

Le dernier vers se nomme *Adonique*. Il est composé d'un *dactyle* et d'un *spondée*.

Sapho liait le dernier vers avec le précédent :

Ὀκκάτεσσι δ' οὐδὲν ὄρημι, ἐπιρρομ-
βεῦσι δ' ἀκουαί.

---

[1] τυίδ' ne fait qu'une syllabe.

Cet enchaînement se trouve deux fois encore dans les odes qui nous restent.

Catulle qui, malgré le témoignage d'Horace,

> *Princeps Æolium carmen ad Italos*
> Deduxisse modos (dicar),

fit usage du vers *Saphique* avant lui, conserve quelquefois le *trochée* au second pied :

> Seu Sacas sagittiferosque Parthos...
> Pauca nunciate meæ puellæ...
> Otium, Catulle, tibi molestum est...

La strophe *Saphique* est, avec la strophe *Alcaïque*, celle qu'Horace semble affectionner ; mais, en la transportant en latin, il s'est imposé l'obligation de mettre un *spondée* au second pied. Voici la manière la plus simple de scander ce vers :

$$- \cup \mid - - \mid - \cup \cup \mid - \cup \mid - \cup \mid$$

Il est composé de cinq pieds, dont le 1er, 4e et 5e sont des *trochées* ; le 2e un *spondée*, et le 3e un *dactyle*.

Ce poète s'est soumis à une autre loi beaucoup plus gênante, c'est d'avoir une *césure* après le second pied :

> Vidimus flavum Tiberim, retortis
> Littore Etrusco violenter undis,
> Ire dejectum monumenta regis,
> > Templaque Vestæ :
> Iliæ dùm se nimiùm querenti
> Jactat ultorem, etc.

Cette *césure* est harmonieuse, comme en général toute *césure* après le second pied. Horace a tellement familiarisé notre oreille avec elle, que les vers où elle ne se trouve point, nous semblent peu agréables :

> Mercuri, facunde nepos Atlantis...
> Quem virum aut heroa, lyrâ, vel acri
> Tibiâ sumes celebrare, Clio ?

l'*élision* à la *césure* produit aussi un mauvais effet :

> Imbrium divina avis imminentium.

Horace, par la raison que nous avons donnée en parlant du vers *Alcaïque*, ne s'astreint pas à avoir un repos à la fin de chaque strophe :

> Neve te nostris vitiis iniquum
>   Ocior aura
> Tollat.
>   Informes hyemes reducit
>   Juppiter; idem
> Summovet.

Cependant ces enjambemens sont beaucoup plus rares que dans la strophe *Alcaïque*. Lorsqu'Horace fit des vers destinés à être chantés, il subit la nécessité qui avait été imposée à Sapho, d'enfermer dans la strophe une idée complète. Dans le *Carmen sæculare*, on trouve toujours un repos après le vers *Adonique*. On peut voir dans Stace (Sylv. IV, 7.) une ode de quatorze strophes, qui toutes sont terminées par un point.

1ʳᵉ *Remarque.* On a dû voir, par un exemple cité ci-dessus :

> Neve te nostris vitiis iniquum
>   Ocior aura
> Tollat,

que la connexion entre le dernier vers *Saphique* et le vers *Adonique* n'était pas exigée aux yeux d'Horace, puisque l'*élision* n'a pas lieu. Il dit encore :

> Undè vocalem temeré insecutæ
>   Orphea sylvæ...
> Nec Jubæ tellus generat, leonum
>   Arida nutrix.

Cependant cette connexion peut avoir lieu, et à cet égard Horace a plusieurs fois imité Sapho :

>>Et sinistrâ
Labitur ripâ, Jove non probante, u-
>>xorius amnis...
Thracio bacchante magis sub inter-
>>lunia vento...
Grosphe, non gemmis, neque purpurâ ve-
>>nale nec auro...
Pendulum zonâ benè te secutâ e-
>>lidere collum...
Aureos educit in astra, nigro*que*
>>invidet orco...
Romulæ genti date remque, prolem*que*
>>et decus omnes.

Voilà tous les exemples qu'il offre de cette imitation.

La rapidité de la prononciation lie quelquefois entre eux, même les vers *Saphiques*, et l'*élision* a lieu de l'un à l'autre :

>Dissidens plebi numero beato*rum*
>Eximit virtus...
>Mugiunt vaccæ, tibi tollit hinni*tum*
>Apta quadrigis equa...
>Plorat, et vires animumque mores*que*,
>Aureos educit in astra.

Si l'on reconnaît que ces petits vers s'unissent par la prononciation, on ne s'étonnera pas de voir à la fin de l'un un monosyllabe, qui par le sens appartient au suivant :

>Septimi, Gades aditure mecum, *et*
>Cantabrum indoctum juga ferre nostra, *et*
>Barbaras syrtes....
>Penè natali proprio, quòd ex *hâc*
>Luce Mæcenas meus etc...
>Plena miraris, positusque carbo *in*
>>cespite vivo.

2° *Remarque.* Une fois dans Horace la *césure* allonge une syllabe brève :

Angulus ridēt, ubi non Hymetto
Mella decedunt.

VERS PHALEUCE.

Le vers *Phaleuce* tire son nom de Phalèque, son inventeur. On l'appelle aussi *hendécasyllabe*, parce qu'il a onze syllabes. On le partage en cinq pieds : le premier est un *spondée*, le second un *dactyle*, suivi de trois *trochées* ou d'un *ithyphallique*. Que l'on transporte le *trochée* qui commence le vers *Saphique* à la fin du vers, on aura un vers *Phaleuce* :

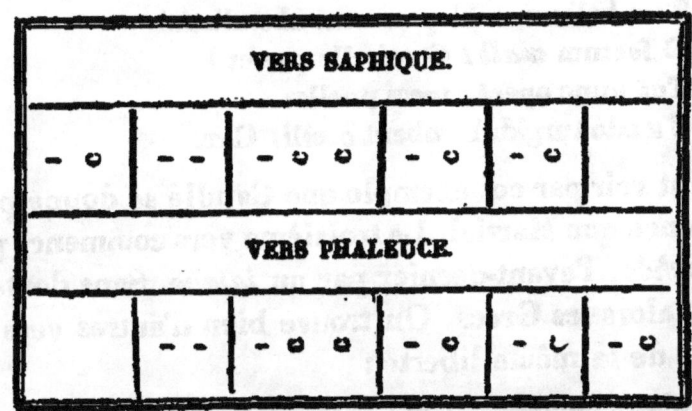

Ce vers, dont Horace n'a point fait usage, a été heureusement employé par Catulle et par Martial. Il convient aux sujets légers, gracieux, et à l'épigramme.

Stēllāe | dēlĭcĭ|ŭm mĕ|ī cŏ|lŭmbă
Vīcĭt, | Māxĭmĕ, | pāssĕ | rēm Că|tūllī
Tāntō | Stēllă mĕ|ŭs tŭ|ō Că|tūllō,
Quāntō | pāssĕrĕ | mājŏr | ēst cŏ|lŭmbă. Mart.

On coupe le vers *Phaleuce* après deux pieds, ou on lui donne une *césure* après le second :

> Baiano procul à lacu, monemus,
> Piscator, fuge, ne nocens recedas.
> Sacris piscibus hæ natantur undæ,
> Qui nôrunt dominum, manumque lambunt
> Illam, quâ nihil est in orbe majus.
> Quid, quod nomen habent, et ad magistri
> Vocem quisque sui venit citatus. Mart.

L'exemple suivant nous offrira un repos si marqué après le second pied que l'*élision* aura été omise :

> Ad solam dominam usque pipilabat :
> Qui nunc it per iter tenebricosum
> Illud, unde negant redire quemquam.
> At vobis malè sit, malæ tenebræ
> Orci, quæ omnia bella devoratis ;
> Tam bellum mihi passerem abstulistis !
> O factum *malè !* O miselle passer !
> Tuâ nunc operâ, meæ puellæ
> Flendo turgiduli rubent ocelli. Cat.

On peut voir par cet exemple que Catulle se donne plus de licence que Martial. Le troisième vers commence par un *trochée*, l'avant-dernier par un *iambe*. Sans doute il imitait alors les Grecs. On trouve bien d'autres vers où il a usé de la même liberté :

> Ădeste hendecasyllabi, quot estis,
> Omnes undique, quotquot estis omnes,
> Jŏcum me putat esse, etc.
> Quāre hăbe tibi quidquid hŏc libelli est...
> Et măgis magis in dies irascor tibi.

Il remplace même quelquefois ce *dactyle* du second pied par un *spondée* :

> Oramūs, si fortè non molestum est,

Demonstres ubi sint tuæ tenebræ
Te in campō quāesivimus minore, etc.

mais l'*ithyphallique* est invariable.

Remarque. Les vers *Alcaïque*, *Saphique* et *Phaleuce* sont tous trois composés de onze syllabes. On ne peut douter du charme que ce nombre de syllabes avait pour l'oreille des Romains. Le vers *héroïque* des Italiens est aussi de onze syllabes. Comme en italien, ainsi qu'en latin, la dernière de ces syllabes n'est pas accentuée, ces différens vers répondent à notre vers de dix syllabes, à rime féminine :

J'ai vu l'impie adoré sur la terre.

l'*e* muet qui termine le vers forme une onzième syllabe que l'on entend à peine. *La terre* a exactement la quantité du mot *minore* de l'exemple précédent.

CHAPITRE XXX.

PREMIÈRE SECTION.

DU VERS TROCHAÏQUE.

Le vers *Trochaïque* ou *Choraïque* est, comme l'indique son nom, composé de *trochées*.

TROCHAÏQUE DIMÈTRE CATALECTIQUE, composé de trois pieds et demi :

Trūdĭ|tūr dĭ|ēs dĭ|ē.
Lārgĭ | ōră | flăgĭ|tō.
Immĕ|mō r strŭ|ĭs dŏmōs. H.

Ce vers, auquel Horace s'est astreint, est le *Trochaïque* rigoureux. Mais le *Trochaïque* admet des substitutions aux lieux pairs, ainsi que l'*Iambique* aux lieux impairs.

On donne plus particulièrement le nom de *Choraïque* au *Trochaïque dimètre catalectique*, qui prend au second pied le *spondée* ou le *dactyle* :

        Fātă | sī līcĕ|āt mĭ|hī
        Finge|re ārbĭtrĭ|o me|o,
        Tempe|rēm zĕphī|ro le|vi
        Vela, | nē prēs|sæ gra|vi
        Spiri|tu āntēn|næ ge|mant. Sen.

Catulle s'impose l'obligation de mettre un *dactyle* au second pied :

        Floridīs vĕlŭt enitens
        Myrtus āsĭă ramulis,
        Quos Hamādrĭădes Deæ
        Ludicrūm sĭbĭ roscido,
        Nutriunt humore.

Ce dernier vers est un *Trochaïque* de trois pieds :

        Nūtrĭ |ūnt hū|mōrĕ.

le second pied est plus souvent un *dactyle* :

        Prōdĕ|ās nŏvă | nūptă.

AUTRES TROCHAÏQUES, PEU USITÉS.

De quatre pieds et demi :

        Nūllŭs | hūnc tēr|rōr nĕc | īmpĕ|tŭs
        Sēnsĭt | ōrtŭs, | sēnsĭt | ōccā|sŭs. Sen.

De cinq pieds :

Les vers *Saphique* et *Phaleuce* sont des *Trochaïques* de cinq pieds, et l'emploi en est fréquent. On trouve dans les chœurs de Sénèque des *Trochaïques* de cinq pieds qui n'ont pas la symétrie de ces deux vers :

        Frēgĭt | īnsŭl|tāns, dū|xĭtque ăd | ōrtŭs...
        Sīdŭs | ārcădĭ|ūm gĕmĭ|nūmquĕ | plaūstrŭm...
        Thērmŏ | dōntĭă|cæ grā|vēs că|tērvăe.

De cinq pieds et demi :

Lūcĕ | dūm cōe|lī dĕcŭs | hūc ă | dēs vō|tīs.

de six pieds :

Et trīs|tēs ĕrĕ|bī mĭ|nās ăvī|dūmquĕ|fātūm.

Trochaïque tétramètre catalectique. Ce vers est très employé au théâtre. Dans les Comiques, il est aussi fréquent que le vers *Iambique*. Les Latins l'appellent *septenarius*. Lorsqu'il est rigoureux, il a le *trochée* ou le *tribraque* aux lieux impairs : les lieux pairs prennent le *tribraque*, le *spondée*, le *dactyle* et l'*anapeste*. Le premier pied admet quelquefois le *dactyle*. Il y a toujours une division après la seconde *dipodie* :

Vōs prĕ|cōr, vŭl|gŭs sĭ|lēntūm,| vōsquĕ | fĕrā|lēs Dĕ|ōs
Et cha|os cae|cum, atque o|pacam| Ditis | umbro|si do|mum,
Tarta|ri ri|pis li|gatos | squalli|dae mor|tis spe|cus
Sūpplĭcĭ|ĭs ănĭ|mae re|missis |currĭ|te ād thălă|mos no|vos.
Rŏtă rĕ|sistat| membra | torquens, | tangat | Ixi|on hu|mum. S.

On peut remarquer que si l'on retranchait *vos precor* du premier vers, on aurait un vers *Iambique trimètre* :

Vūlgūs | sĭlēn|tūm, vōs|quĕ fĕ|rālēs | Dĕōs.

Les Comiques mettent le *spondée* et le *dactyle* à tous les lieux, excepté au dernier :

Aūdī|vi Archil|lis jăm|dūdūm | Lĕsbĭ|am āddū|cī jŭ|bēs.
Sānē | Pōl il|lă tĕmŭ|lenta est | mŭlĭĕr | ĕt tĕmĕ|rārĭ|ă,
Nēc sătĭ' | dignă | cuī cōm|mīttās | prīmō | pārtŭ | mŭlĭĕ|rēm.

Plaute fait quelquefois ce vers *asynartète*, et alors l'élision n'a pas lieu après le quatrième pied :

Credo e|go hac noc|tu noc|turnūm | obdor|mivis|se ebri|um.
Mordi|cus neque | Pol me in | sanūm | Hegi|o esse | credu|is.

Remarque. On divise ordinairement la pièce connue sous le nom de *Pervigilium Veneris*, et attribuée à Ca-

VERS TROCHAÏQUES.

tulle, en vers *Trochaïques dimètres*, et *dimètres catalectiques*. Mais on ne trouve pas de *Trochaïques dimètres*, et il semble plus naturel de réunir ces deux vers qui ont été divisés :

Nec Ce|res, nec | Bacchus |absunt, | nec po|eta|rum De|us,
Te si|nente, | tota | nox est | pervigi|landa canti|bus.

Mais il reste une difficulté : on trouvera alors des *hiatus*, il faudra avoir recours à la licence de Plaute :

Fusae a|prugno | de cru|ore, | atque a|moris | osculis...
Adso|nat Te|rei pu|ella | inter | umbram | popu|li.

TROCHAÏQUE TÉTRAMÈTRE ACATALECTIQUE. Il paraît que les anciens *Tragiques* en faisaient usage : on n'en trouve point dans Sénèque.

Ipse | summis | saxis | fixus | aspe|ris e|visce|ratus,
Latere | pendens | saxa | spargens | tabo | sanie et | sangui|ne
{atro. Enn.

Ce vers se trouve souvent dans les Comiques. On l'appelle *octonarius* :

Fac ita ut | jussi, | dedu|cantur| isti | faciam at| dili|genter. T.
Opta|ti ci|ves, popu|lares,|inco|lae, acco|lae, adve|nae omnes,
Date vi|am, qua | fugere | liceat. Plaut.

Ce vers a, comme le précédent, un repos après le quatrième pied.

2ᵉ SECTION.

DÉRIVÉS DU VERS TROCHAÏQUE.

ARISTOPHANIEN. Il est composé d'un *dactyle* et de deux *trochées* : on ne l'emploie pas seul :

Lydia, | dic, per | omnes
Te Deos oro.

Temperet | ora | frenis. H.

ALCAÏCO-DACTYLIQUE. Il a deux *dactyles* et deux *trochées*. (Voyez la strophe Alcaïque, page 204.)

Pōst ĕquĭ|tēm sĕdĕt | ātră | cūră.

GRAND ALCAÏQUE. Il a six pieds et une césure longue : le premier est un *trochée*, le second un *spondée*, le troisième un *dactyle* suivi d'une césure, le quatrième un *dactyle*, et les deux derniers des *trochées* :

Ŏdĕ|rīt cām|pūm pătĭ|ēns | pūlvĕris | ātquĕ | sōlis...
Cūr tĭ|mēt flā|vūm Tĭbĕ|rīm | tāngĕrĕ? | cūr ŏ|līvūm
 (Vitat?) H.

Remarque. On observera qu'après la césure, le reste de ce vers est un *Aristophanien* ; d'où il arrive qu'on partage quelquefois ce vers en deux. Cette division nous semble blâmable. En effet adoptons-la un instant :

 Lydia, dic, per omnes
  Te Deos oro, Sybarin
 Cur properes amando
 Perdere? cur apricum
  Oderit campum, patiens
 Pulveris atque solis?
 Cur neque militaris, etc.

Que fait ce vers seul au commencement, tandis que ceux de sa mesure sont toujours unis deux à deux ?

GRAND ARCHILOQUIEN. Il est composé de sept pieds. Les trois premiers sont *dactyles* ou *spondées* ; le quatrième est un *dactyle*, auquel on joint un *ithyphallique* :

Sōlvĭtŭr | ācris hĭ | ēms grā|tā vĭcĕ | vēris | ēt fā | vōnī...
Āltēr|nō tēr|rām quătĭ|ūnt pĕdĕ,|dūm grā|vēs cī|clōpūm..
Nūnc ĕt īn|ūmbrō|sīs Faū|nō dĕcĕt|īmmŏ|lārĕ|lūcīs... H.

On voit qu'il y a toujours un repos après le quatrième pied. Horace n'emploie pas ce vers isolément.

CHAPITRE XXXI.

PREMIÈRE SECTION.

DÉRIVÉS DE L'HEXAMÈTRE.

ADONIQUE. Il est composé des deux derniers pieds du vers *hexamètre* (voyez la strophe Saphique, chap. XXIX, pag. 210). Ce vers n'a pas été employé seul par les poètes latins. On en trouve quelques-uns dans les *consolations* de *Boëce*, ministre de Théodoric :

>Gaudia pelle,
>Pelle timorem ;
>Spemque fugato,
>Nec dolor adsit.
>Nubila mens est,
>Vinctaque frenis,
>Hæc ubi regnant.

Ce vers est trop court pour pouvoir être ainsi employé seul ; il devient bientôt monotone.

ARCHILOQUIEN. Il a deux *dactyles* et une syllabe, ou, si l'on veut, c'est la seconde moitié du vers *pentamètre* :

>Pulvis et umbra sumus...
>Bruma recurret iners. H.

Il ne s'emploie pas seul.

GLYCONIQUE. Il se compose d'un *spondée* et de deux *dactyles* :

>Regem non faciunt opes ;
>Non vestis Tyriæ color,
>Non frontis nota regiæ,
>Non auro nitidæ trabes. Sen.

PHÉRÉCRATIEN. Il présente les trois derniers pieds de l'*hexamètre*. Le premier est un *spondée* exigé :

   Cras donaberis hædo...
   Vis formosa videri...
   Annos fata dederunt. H.

On ne l'emploie pas seul.

PHALISQUE. Il a les quatre derniers pieds de l'*hexamètre* :

   Ibimus, ô socii, comitesque....
   Certus enim promisit Apollo....
   O fortes, pejoraque passi....
   Cras ingens iterabimus æquor. H.

Il ne s'emploie pas seul.

ALCMANIEN. Il renferme les quatre premiers pieds de l'*hexamètre*. Le dernier est toujours un *dactyle* :

   Anceps forma bonum mortalibus,
   Exigui donum breve temporis,
   Ut velox celeri pede laberis ! SEN.

GRAND ASCLÉPIADE. Il se compose de cinq pieds et de deux *césures* ainsi disposés :

Dīcēs|heū! quŏtĭ|ēs|tē spĕcŭ|lō|vĭdĕrĭs|āltĕrŭm :
Quāe mēns|ēst hŏdĭ|ē|cūr ĕă|dēm|nōn pŭĕ|rō fŭĭt,
Vēl cūr|hīs ănĭ|mīs|ĭncŏlŭ|mēs|nōn rĕdĕ|ūnt gĕnăe? H

Ces différens pieds n'admettent aucune substitution. Les deux *césures* sont exigées. On peut revoir ce qui a été dit de l'*Asclépiade*, et on reconnaîtra qu'il a de moins que celui-ci le *dactyle* et la *césure* du milieu. En retranchant *incolumes* du dernier vers, on aurait un *Asclépiade* proprement dit :

   Vel cur his animis non redeunt genæ.

2ᵉ SECTION.

DU VERS ANAPESTIQUE.

Le vers *Anapestique* reçoit d'autres pieds que l'*anapeste*, ainsi que l'*Iambique* admet d'autres pieds que l'*iambe*. On a même reproché à Ovide ce vers entièrement composé d'*anapestes* : un pareil vers a quelque chose de sautillant, qui semblait déroger à la gravité de la tragédie :

Gĕlĭdūm | Bŏrĕām | gĕlĭdūm | quĕ Nŏtūm.

Il se trouvait dans sa tragédie de Médée qui n'est pas parvenue jusqu'à nous.

Le vers *Anapestique* reçoit le *dactyle* et le *spondée* à tous les pieds. Cependant il est lourd, composé uniquement de *spondées* :

Nēc mōr|tālī | cāptās | fōrmā. Sen.

On voit que ce vers, ainsi que le précédent, est un *Anapestique dimètre*. Il y a un *Anapestique monomètre*, ou composé de deux pieds :

Monomètre :

Lĕvĭō | rĕ mănū |...
En Dī | vă făvē |...
Nŏcŭĭs | sĕ mălīs |...
Nūdēnt | sĭlvās. Sen.

Le vers *Adonique* rentre dans cette classe :

Pōtăt ă | rāxēm.

L'*Anapestique monomètre* ne s'emploie pas seul.

Dimètre :

Aūdāx | nĭmĭūm | quī frĕtă | prīmūs
Rătĕ tām | frăgĭlī | pērfĭdă | rūpĭt,
Tērrās | quĕ sŭās | pōst tēr | gă vĭdēns,

ănĭmām | lĕvĭbūs | crēdĭdĭt | aūrĭs,
Dŭbĭō | quĕ sĕcāns | āequŏrā | cūrsū,
Pŏtŭĭt | tĕnŭī | fĭdĕrĕ | lignō. Sen.

L'élégance de ce vers consiste dans l'absence de *césures*.

Tétramètre. Plaute en a fait usage : on ne le trouve pas dans Térence :

Vĭdĕ sūr|ūt sēn|tēs sūb|sĭgnīs|dūcās.|Quī vē|rō sūnt|sēntēs ?
Quĭă quōd | tĕtĭgĕ|rĕ, ĭllĭcō|răpĭūnt. |sĭ ĕās|ĕrēp|tum ĭllĭcō|
[scīndūnt.
ĭtă, cō|que, ădvĕnĭ|ūnt, ŭbĭ,|ŭbĭ sūnt|dŭplĭcī|dāmnō|dŏmĭnōs|
[mūlctānt.

Ce vers a un repos après le quatrième pied ; il emploie quelquefois le *procéleusmatique*. Il est *asynartète*.

Ionique mineur. Ce vers est composé d'*anapestes* et de *dactyles* entremêlés. Il tire son nom du pied appelé *ionique mineur* (⌣ ⌣ – –). Trois de ces pieds font un vers *Ionique mineur*:

ĕquĕs ĭpsō | mĕlĭŏr Bēl | lĕrŏphōntĕ,
Nĕquĕ pūgnō, | nĕquĕ sēgnī | pĕdĕ vīctūs. H.

Il y en a aussi de quatre pieds :

Sĭmŭl ūnctōs | Tĭbĕrīnīs | hŭmĕrōs lā | vĭt ĭn ūndīs. H.

Ce vers a presque toujours un repos après chaque *ionique*.

Voici un vers *hexamètre* qui a exactement le même nombre de longues et de brèves que l'*Ionique mineur*, de quatre pieds :

Inferrētquĕ Dĕōs Lătĭō, gĕnŭs ūndĕ lătīnūm. V.

Mais on voit que l'harmonie diffère totalement.

CHAPITRE XXXII.

DU MÉLANGE DE DIFFÉRENS VERS.

RÉUNION DE DEUX ESPÈCES DE VERS.

1° **HEXAMÈTRE et PENTAMÈTRE :**

   Ut recitem tibi nostra rogas epigrammata. Nolo.
   Non audire, Celer, sed recitare cupis. MART.

2° **HEXAMÈTRE et IAMBIQUE TRIMÈTRE :**

   Altera jam teritur bellis civilibus æstas,
   Suis et ipsa Roma viribus ruit. H.

3° **HEXAMÈTRE et IAMBIQUE DIMÈTRE :**

   Nox erat, et cœlo fulgebat luna sereno
   Inter minora sidera. H.

4° **HEXAMÈTRE et PHALISQUE :**

   Quò nos cumque feret melios Fortuna parente,
   Ibimus, o socii comitesque. H.

5° **HEXAMÈTRE et ARCHILOQUIEN :**

   Diffugêre nives, redeunt jam gramina campis,
   Arboribusque comæ. H.

6° **GRAND ARCHILOQUIEN et IAMBIQUE** *trimètre catalectique* **:**

   Solvitur acris hyems gratâ vice veris et favoni,
   Trahuntque siccas machinæ carinas. O.

7° **TROCHAÏQUE** *dimètre catalectique*, **et IAMBIQUE** *trimètre catalectique* **:**

   Non ebur, neque aureum
   Meâ renidet in domo lacunar. O.

8° Aristophanien et grand alcaïque :

   Quid latet, ut marinæ
Filium dicunt Thetidis, sub lacrymosa Trojæ
   Funera. O.

9° Iambiques *trimètre et dimètre* :

   Ut gaudet insitiva decerpens pyra,
     Certantem et uvam purpuræ!

10° Glyconique et asclépiade :

   Quantùm distet ab Inacho
Codrus, pro patriâ non timidus mori. H.

Jusqu'ici nous voyons les vers se succéder alternativement. Quelquefois plusieurs vers de la même espèce sont placés de suite :

1° Trois Saphiques et un Adonique :

   Scandit æratas vitiosa puppes
   Cura, nec turmas equitum relinquit,
   Ocior cervis, et agente nimbos
     Ocior Euro. H.

Sénèque n'emploie ordinairement l'*Adonique* qu'après un plus grand nombre de *Saphiques* :

   Quisquis audacis tetigit carinæ
   Nobiles remos, nemoris sacrati
   Pelion densâ spoliavit umbrâ :
   Quisquis intravit scopulos vagantes,
   Et tot emensus pelagi labores,
   Barbarâ funem religavit orâ,
   Raptor externi rediturus auri
   Exitu diro temerata ponti
     Jura piavit.

Dans ce chœur l'*Adonique* revient régulièrement après huit *Saphiques*, mais on voit rarement cette régularité. Le plus souvent on trouve un nombre arbitraire de *Saphiques* terminés par un *Adonique* que l'on nomme alors *clausula*.

MÉLANGE DE DIFFÉRENS VERS.

2° Trois ASCLÉPIADES et un GLYCONIQUE :

>Jam veris comites, quæ mare temperant,
>Impellunt animæ lintea Thraciæ :
>Nec jam prata rigent, nec fluvii strepunt
>>Hibernâ nive turgidi.

3° ANAPESTIQUES *dimètre* et *monomètre* :

>Felix Priamus, dicimus omnes ;
>Secum excedens sua regna tulit ;
>Nunc Elysii nemoris tutus
>Errat in umbris, interque pias
>Felix animas Hectora quærit.
>Felix Priamus : felix quisquis
>Bello moriens, omnia secum
>Consumpta videt. SEN.

Le *système* qui précède le *monomètre* a plus ou moins de vers.

4° Deux IONIQUES MINEURS de *trois pieds* et *un de quatre* :

>Catus idem per apertum fugientes
>Agitato grege cervos jaculari, et
>Celer alto latitantem fruticeto excipere aprum. H.

5° Trois ou quatre TROCHAÏQUES *dimètres catalectiques* suivis d'un TROCHAÏQUE de trois pieds :

>Tu cursu, Dea, menstruo
>Metiens iter annuum,
>Rustica agricolæ bonis
>Tecta frugibus exples. CAT.
>>Torquatus volo parvulus
>Matris è gremio suæ
>Porrigens teneras manus,
>Dulce rideat ad patrem
>Semihiante labello.
>>Sit suo similis patri

Manlio, et facilè insciis
Noscitetur ab omnibus,
Et pudicitiam suæ
Matris indicet ore. Cat.

RÉUNION DE TROIS ESPECES DE VERS.

1° Deux ALCAÏQUES, un IAMBIQUE *dimètre hypermètre*, et un ALCAÏCO-DACTYLIQUE :

O Diva, gratum quæ regis Antium,
Præsens vel imo tollere de gradu
    Mortale corpus, vel superbos
      Vertere funeribus. H.

2° Deux ASCLÉPIADES, un PHÉRÉCRATIEN, et un GLYCONIQUE :

Dianam teneræ dicite virgines;
Intonsum, pueri, dicite Cynthium,
    Latonamque supremo
      Dilectam penitùs Jovi. H.

3° IAMBIQUE *trimètre*, ARCHILOQUIEN, IAMBIQUE *dimètre* :

Petti, nihil me, sicut anteà, juvat
    Scribere versiculos
    Amore perculsum gravi. H.

4° HEXAMÈTRE, IAMBIQUE *dimètre*, ARCHILOQUIEN :

Et decet obductâ solvatur fronte senectus.
    Tu vina Torquato move
    Consule pressa meo. H.

NOTES.

Page 74.

Je sais que bien des opinions contraires vont s'élever contre cette assertion. On va me citer le fameux exemple d'Horace : *Sæpe stylum vertas*. On me fera l'honneur de croire que je le connaissais : je puis même en citer d'autres aux personnes qui ne connaissent que celui-là :

    Ignoscent, si quid pecce*ve*ro stultus, amici. H.
    Velatum*que* stolâ. H.

On en trouverait aussi quelques-uns dans Lucrèce et dans Catulle. Que faut-il en conclure ? que l'usage de cette quantité est permis ? Il serait aussi facile, et bien plus facile encore de conclure de la lecture de ces poètes, que les vers hexamètres ne doivent pas avoir de césure. Si on prend ces auteurs pour guides en fait de versification, le devoir de celui qui en trace les règles sera de désabuser les admirateurs des Virgile, des Ovide, et de leur prouver qu'ils n'ont rien entendu jusqu'ici au rhythme poétique. Comme cette tâche n'est point aisée, nous aimons mieux récuser l'autorité de ces trois poètes, quand ils violent les règles respectées par les grands modèles.

Nous pourrions citer d'autres exemples à l'appui de notre opinion. Quelques-uns nous montreraient une brève allongée à la fin d'un mot, quoique le mot suivant commence par deux consonnes, dont la seconde es une liquide :

    Officii cau*sa* pluribus esse dati. O.

Nil opus est *morte* pro me, sed amore fideque. O.
Ne solus, rusve peregrève
Exire, plures calones atque caballi. H.

Mais comme il sera toujours possible de se retrancher dans la licence qui allonge quelquefois la césure, nous devons chercher d'autres armes que de pareilles citations.

Et d'abord, raisonnons par analogie : *Toute voyelle suivie de deux consonnes est longue* (nous exceptons toujours le cas des liquides) : voilà un principe général. Que les deux consonnes soient dans le corps du mot (*litto*ra), ou que l'une soit à la fin d'un mot et l'autre au commencement du suivant (litto*ribus* contraria), la règle est la même. De ce principe à celui que nous établissons ici il n'y a qu'un pas, ou plutôt c'est le même appliqué à un cas nouveau.

Les écrivains dont la versification est châtiée l'ont toujours reconnu. C'est lui qui a proscrit du vers hexamètre ce pauvre *statim*, que l'on accuse, pour cette raison, de n'être pas poétique ; c'est lui qui a exigé que le poète qui voudrait employer *steterunt*, abrégeât la pénultième ; c'est lui qui a imposé à Ovide ce vers qui manque d'harmonie, et n'offre pas cette construction qui est devenue un besoin pour une oreille tant soit peu exercée :

Quod medio *lentæ spinæ* curvamine *fixum*
Constitit.

enfin c'est lui qui a fait que dans tout Virgile on ne trouve qu'un exemple opposé à notre sentiment, ou plutôt on n'en trouve pas ; car cet exemple, à vrai dire, n'est pas une objection. Le voici :

Spem si quam accitis Ætolùm habuistis in armis,
Ponite : spes sibi quisquis. (Enéid. xi. 309).

Ponite est isolé de *spes* par le repos qu'exige l'idée, et la prononciation ne saurait les unir.

On cite encore quelquefois un exemple sur lequel il est bien difficile de s'entendre : c'est le *nemorosa Zacynthos*. Comment les Latins prononçaient-ils le *z* ? comme nous, ou en faisaient-ils une lettre double ?

La règle que nous établissons ici n'est point un paradoxe. On lit dans le savant ouvrage d'Hermann : *Detrectārunt poëtæ vocalem brevem in fine vocabuli antè sc. sp. st. corripere*. Puis citant le vers de Virgile : *Ponite*, etc., il ajoute : *Scripsit, excusationem aliquam ab interpunctione accedere intelligens*. (Godef. Herm. Elem. doctr. met. Lipsiæ, 1826, pag. 63.)

Quoique la question me paraisse suffisamment éclaircie, je ne puis me dispenser de produire en ma faveur le plus imposant de tous les témoignages, celui d'un Latin qui, selon l'opinion des savans, fut contemporain de Martial, je veux parler de Terentianus Maurus. Il dit sur ce vers de Virgile :

Ante supinatas aquiloni *ostendere glebas*.

La syllabe *re*, qui finit ici le mot et le pied, peut rester brève, parce que le mot suivant commence par une consonne et par une liquide. Sans cette liquide, le pied serait défectueux; la syllabe deviendrait longue, et, au lieu d'un dactyle, on aurait un crétique (– ᴗ –), comme dans ostēndĕrē strages :

Ante supinatas aquiloni *ostendere glebas*,
Stendere quùm verbi finem, simul et pedis explet,
Nil obstant pedis alterius modò consona et uda :
Syllaba si contra veniat, qualem modò dixi,
Temporibus vitiatus erit pes, integer ante :
Ante supinatas aquiloni *ostendere strages*.
Tertia sic longa efficitur; pes creticus exit.

De Carm. heroic. 118.

PAGE 127.

Il est incontestable que les poètes latins évitent de mettre une *césure* après le cinquième et après le sixième pied du vers *hexamètre*. Nous pourrions nous contenter d'établir ce fait, et le précepte, fondé sur cette remarque, aurait toute l'autorité suffisante. Tâchons cependant de pénétrer plus avant et de découvrir dans l'essence même du vers *hexamètre* la raison de ce principe.

Tous les vers ont une désinence que l'oreille juge surtout avec sévérité. En français, nous exigeons le retour de la rime : les autres langues modernes en font aussi souvent usage, ou bien elles demandent à une certaine place une syllabe *accentuée*. Dans la poésie latine, quelque chose répond à ce besoin. Tous les vers d'une égale mesure, même ceux qui prennent le plus de licences, ont du moins une chute uniforme. Quand on parle du vers *hexamètre*, on croit avoir tout dit quand on a établi qu'il finit par un *dactyle* et un *spondée*. Il est vrai que les *Français*, qui accentuent si mal la langue latine, n'y voient guère autre chose; mais ce qu'il faudrait ajouter, c'est que, au commencement du cinquième et du sixième pied, il demande une syllabe *accentuée* :

<blockquote>
Conticuere omnes, intentique ora tenebant,
Inde toro pater Æneas sic orsus ab <i>alto</i>.
</blockquote>

Nous qui prononçons al*to* comme mar*teau*, nous ne faisons pas attention au respect des poètes pour ces syllabes *fortes* qui doivent commencer les deux derniers pieds. Comme ces syllabes sont longues et qu'elles sont *accentuées*, la fin des vers est marquée pour l'oreille d'une manière frappante.

On voit de suite pourquoi les *césures* au cinquième et au sixième pied sont défendues. Le vers suivant :

<blockquote>
Augescunt aliæ gentes, aliæ minuuntur. Lucr.
</blockquote>

manque d'harmonie, parce qu'il a une *césure* au cinquième pied, c'est-à-dire que ce pied ne commence pas par une syllabe *accentuée*, puisqu'en latin l'*accent* ne se met pas sur la dernière; cependant le commencement de ce pied est un temps *fort*. Il faut donc, ou renoncer à ce temps *fort* que la cadence exige, ou faire ressortir une syllabe non accentuée, une véritable muette.

Le même défaut se trouve dans ce vers :

> Et nova fictaque nuper habebunt verba *fi*dem, si
> Græco fonte cadant. H.

Il faut prononcer *fi*dem, et cependant le temps fort tombe sur *dem*.

Pour rendre ces défauts plus sensibles, cherchons dans notre langue des exemples analogues. Nos vers *Alexandrins*, ainsi que le vers héroïque des Italiens, ont, outre la rime, un certain nombre d'*accens*. Je m'étonne de n'en point voir le nombre déterminé, quand la chose me paraît de la dernière évidence. Chacun scande ce vers à sa manière : tantôt on le divise par pieds de deux syllabes :

> Le jour|n'est pas|plus pur|que le|fond de|mon cœur.|

Tantôt en pieds de trois syllabes :

> Le jour n'est|pas plus pur|que le fond|de mon cœur.|

Enfin on partage le premier *hémistiche* en pieds de deux syllabes, et le second en pieds de trois :

> Le jour|n'est pas|plus pur|que le fond|de mon cœur.|

Nous voyons dans toutes ces divisions arbitraires quelque chose de commun, c'est le repos après le sixième pied. Cette syllabe est donc incontestablement *accentuée*; la dernière syllabe du vers l'est aussi à plus forte raison : voilà donc deux *accens* exigés. Sont-ils les seuls? non; mais ils sont les plus frappans et les seuls dont la place soit fixée. Le vers *Alexandrin* a encore deux autres *accens*, et c'est après chacun d'eux que l'on doit voir un pied :

Le *jour*|n'est pas plus *pur*|que le *fond*|de mon *cœur*.|

Ouvrons Racine, et nous allons à chaque vers reconnaître cette vérité :

Oui, je viens dans son *temple* adorer l'*Éternel*;[1]
Je *viens*, selon l'*usage* an*tique* et solen*nel*,
Célé*brer* avec *vous* la fameuse jour*née*
Où sur le mont *Sina* la *loi* nous fut don*née*.
Que les *temps* sont chan*gés*! sitôt que de ce *jour*
La trom*pette* sacrée annon*çait* le re*tour*,
Du *temple*, orné partout de fes*tons* magni*fiques*,
Le *peuple* saint en *foule* inon*dait* les por*tiques*.

Nous ne nous occuperons ici que de l'*accent* de l'*hémistiche*; c'est là que nous devons trouver le point de rapprochement que nous avons annoncé. Au lieu de faire tomber l'*hémistiche* sur une syllabe *forte*, comme nous le voyons dans tous les exemples précédens, faisons-le tomber sur une syllabe que nous prononçons à peine, sur notre *e* muet :

La bonne for*tune* rend les cœurs orgueilleux.

Nous blâmons ce vers parce qu'il contrarie la langue. Elle veut qu'on prononce *fortune*, et le vers demande *fortune*.

---

(1) Ou si on l'aime mieux :
Oui, je *viens* dans son *temple*, etc.

Le nombre doit toujours être le même. Un vers qui a cinq accens trompe l'oreille d'une manière désagréable :

Un *fat* quelque*fois* ou*vre* un avis important. Boil.

On verra plus loin qu'elle ne condamne pas moins les vers qui n'en ont que trois.

On sentira encore par l'exemple suivant combien nous choque la nécessité d'*accentuer* une syllabe qui ne doit pas l'être, ou plutôt la suppression d'un accent exigé :

<blockquote>Nous verrons bientôt *si* chez moi je suis le maître.</blockquote>

Aucun de ces vers ne saurait être admis dans notre poésie; mais le défaut, quand il est moins saillant, se tolère quelquefois. Néanmoins un vers où l'accent de l'*hémistiche* n'est pas bien décidé, ne fait jamais bon effet :

<blockquote>Sa seule inimitié peut me faire trembler.</blockquote>

<blockquote style="text-align:center">NÉRON.</blockquote>

<blockquote>Souhaitez-la ; c'est *tout* ce que je puis vous dire. RAC.</blockquote>

<blockquote>Respectez-les; ils *sont* le prix de ma victoire. VOLT.</blockquote>

PAGE 141.

L'abbé Desfontaines a émis et fait connaître, mais non partager cette opinion. Il cite à propos de *Dorica castra* plusieurs exemples analogues. Le P. La Cerda, bien avant lui, avait vanté l'élégance de ce rapprochement (*leporis et venustatis plena*). J'avoue que, choqué de cette étrange beauté, je n'ai vu d'abord dans cette remarque que l'admiration complaisante d'un commentateur, et j'ai pris cette élégance prétendue pour une négligence de peu de valeur. Dirigeant donc mes observations de ce côté, j'ai recueilli des faits : mais bientôt le catalogue des vers qui venaient à l'appui de ce paradoxe, est devenu si considérable, qu'il m'a fallu le suspendre, et je suis resté convaincu que, à moins d'un prodige, cette consonnance n'aurait pu se présenter si souvent aux poètes, s'ils ne l'eussent trouvée agréable. J'ai fait plus : j'ai cherché des exemples où le plus simple déplacement dans la construction aurait fait éviter ce que j'avais cru un défaut : j'en ai cité quelques-uns, et j'aurais pu en ajouter bien d'autres. Ce n'est pas à dire pour cela qu'il faille courir après cette harmonie bizarre : mais on doit se défendre du préjugé qui pourrait nous la faire condamner.

Si quelques personnes sont curieuses d'avoir des exemples du *Dorica castra*, je leur en présenterai un certain nombre :

Achaïca castra — fama malum — date tela — Oceano nox — stupea flamma manu — ipsa satis tellus — glaucâ canentia fronde — huic à stirpe pedes — neque te teneo — siliquâ quassante legumen — adverso sole colores — Iliaci cineres — ære renidenti — curvâ valle recondo — si syrtibus exul — falsi Simoëntis ad undam — neu dictis parere recusa — fas illi limina Divûm — Ascensu supero — triplici circumdata ferro — cæcâ caligine soles — Italiâ mittère relictâ — ore rejectantem — dente tenaci — si sine pace tuâ — sub aure reliquit — donec vi victus — filia prima manu — arma manu trepidi poscunt — lectissima matrum — colles clamore relinqui — tela Latinorum — te Turne nefas — veniendi discere causas — cingite tempora ramis. V.

Lis est cum formâ magna pudicitiæ. O.
Solus amor morbi non amat artificem. Prop.
Nidum ponit, Ityn flebiliter gemens. H.
Parcè gaudere oportet, et sensim queri. Phed.

PAGE 181.

L'étymologie du mot *Pentamètre* indique que ce vers est composé de cinq pieds. On dit alors que le troisième est un *spondée*, et les deux derniers des *anapestes*. Nous avons préféré la manière de scander indiquée par le grammairien *Héphestion*, et communément reçue aujourd'hui. Elle a l'avantage de n'offrir que des pieds avec lesquels le vers *hexamètre* a familiarisé, et surtout elle fait ressortir le besoin indispensable de *césure* après le second pied. Le vers se partage ainsi en deux *penthemimeris* :

« *Versus Elegiacus nomen* Pentametri *à pravâ distinc-
« tione accepit. Rationem eam, quæ placuit Hephœs-
« tioni, cæsura, quæ in hoc versu inviolabilis est ita
« confirmat, ut* insanum *esse necesse sit, qui aliter sen-
« tiat.* » (Herm. p. 356.)

On ne sait à qui rapporter l'invention de ce vers :

Quis tamen exignos elegos emiserit auctor,
Grammatici certant, et adhuc sub judice lis est. O.

On l'attribue à Théoclès, Archiloque, Terpandre ; ou bien encore à Callinoüs, comme on le voit dans le passage suivant :

Pentametrum dubitant qui primus finxerit auctor :
Quidam non dubitant dicere Callinoum. Terent. Maur.

Ovide parle en beaucoup d'endroits du vers *Élégiaque*, et de la raison qui lui a fait si souvent adopter ce mètre :

Venit odoratos Elegeïa nexa capillos;
Et, puto, pes illi longior alter erat
Forma decens, vestis tenuissima, cultus amantis,
In pedibus vitium causa decoris erat...

Das nostro victurum nomen amori,
Ergò ades, et longis versibus adde breves...

Arma gravi numero, violentaque bella parabam
Edere, materiâ conveniente modis.
Par erat inferior versus : risisse Cupido
Dicitur, atque unum subripuisse pedem.

L'*Élégie* était primitivement consacrée à des sujets tristes :

Versibus impariter junctis querimonia primùm,
Post etiam inclusa est voti sententia compos. H.

Venit inæquali mœrens Elegeïa passu :
Ingenui facies plena pudoris erat.
Squalebat vestis ritu conscissa dolentis ;
Squalebant fusæ mœsta per ora comæ. O.